KB080401

청소년 목민심서

다산 정약용 지음/이규각 편역

2018. 2. 12. 초판 1쇄 발행

발행처: Long run **롱런**

발행인: 이규각

등록 번호: 제 384-2008-000039호

등록 일자: 2008. 12. 04.

우편 번호: 14091

주소: 경기도 안양시 만안구 냉천로 29-1

전화: 010-2614-2727 • 017-291-2246

팩스: (031)477-2727

정약용의 청렴한 삶을 배우다

청소년
목민심서

다산 정약용 지음/이규각 편역

롱런

머리말

신사년 늦봄에 열수 정약용은
책머리를 쓰고자 한다

요임금의 뒤를 이어 순임금이 천하를 다스릴 때에는 12주의 제후들에게 백성을 다스리게 했다. 또한 주나라의 문왕 때에도 사목(백성을 다스리는 사람)이라는 관리를 두어 백성을 다스리게 했다.

평륙에서 맹자는 풀(목초)을 먹여 가축을 기르는 것에 대해 목민이라 비유했다. 따라서 백성에 대한 양육을 목(말과 소를 기르는 사람)이라 함은 성현의 말씀이다.

성현의 가르침에는 본디 두 가지 길이 있다. 하나는 사도(당 때의 관직으로, 교양과 도덕 따위를 가르치어 감화시킴)를 두어 만백성을 가르치고 여기서 각자 마음을 닦

7

게 하는 것(수신)과, 다른 하나는 태학(최고의 교육기관. 조선 때는 성균관, 고려 때는 국자감의 한 분과, 고구려 때는 국립교육기관)에서 공부(국자: 그 나라의 국어를 적는 데 쓰이는 글자)를 시켜 각자 마음을 닦은 다음 백성을 다스리게 하는 것이다. 백성을 다스린다는 것은 곧 백성을 양육한다는 것(목민)이다. 그러므로 군자의 학문이란 수신이 반이요, 나머지가 목민인 것이다.

성현의 시대가 가고 그 말씀도 희미해져 그 도는 점점 약해질 수밖에 없으니 요즘 사목(백성을 다스리는 사람)들은 오르지 이익을 얻는 데만 급급해 목민하는 길을 모른다. 이에 백성들은 빈곤에 시달리고 병에 걸려 구렁을 줄지어 가득 메우지만 목민관(사목)이라고 하는 자들은 비단옷과 기름진 음식으로 자신만을 살찌운다. 이 어찌 슬픈 일이 아니겠는가.

나의 선친께서는 조정의 지우(자기의 인격이나 학식을 남이 알고 아주 후하게 대우함)를 입어 두 고을의 현감과 한 고을의 군수, 한 고을의 도호부사(도호부: 변경의 점령 지역을 통치하던 기관. 도호부사는 도호부의 으뜸 벼슬), 한 고을의 목사(관찰사 아래서 지방의 각 목을 맡아 다스리던 정삼품의 외직 문관)를 지내시면서 훌륭한 공적을 쌓았다.

비록 나는(정약용) 어리석고 둔하기는 하지만 부친을 따라다니면서 많은 것을 견문하여 깨닫고 몸소 목민관이 된 후로 조금은 체득한 바가 있었으나 지금은 귀양살이하는 몸이 되고 보니 전혀 쓸모없게 되었다.

먼 변방에서 궁핍하게 살아온 세월이 18년이나 된다. 그 동안에 사서(유교의 경전인 논어·맹자·중용·대학의 네 가지 책을 통틀어 이르는 말)오경(유학의 다섯 경서, 시경·서경·주역·예기·춘추)을 되풀이해서 연구하고 스스로의 몸과 마음을 닦아 학문을 했다고는 하지만 배운 것은 반에 이르지 않는다.

이에 중국의 역사서 23사와 우리나라의 여러 사서 및 그에 관련된 여러 서적을 참고로 옛날 사목들의 목민한 자취를 찾아 연대순으로 분류하고 그것을 순서대로 편집하였다.

여기는 남쪽의 외진 곳이라 농지세의 부과와 징수에 있어서 간악하고 교활한 아전들의 고질적인 병폐를 비천한 몸으로 직접 겪고 있으니 이것 또한 분류하고 기록하여 총 12편의 책으로 만들었다.

1. 부임(赴任), 2. 율기(律己), 3. 봉공(奉公), 4. 애민(愛民), 이어서 이(吏), 호(戶), 예(禮), 병(兵), 형(刑), 공(工) 등 육전이고, 11. 진황(賑荒), 12. 해관(解官) 편이며, 각 편을 또다시 6조로 세분하여 총 72조가 되었다. 간혹 어떤 것은 몇 조를 합하여 한 권으로 하고, 어떤 것은 한 조를 여러 권으로 나누기도 하여 총 48권이 한 질(여러 권으로 된 책의 한 벌)이 되게 했다.

비록 선왕의 법에는 부합할 수 없겠지만 시대와 풍속에 따라 목민의 조례를 두루 갖추었다.

고려 말기에 비로소 오사(목민관의 치적을 평가하는 다섯 가지 기준)에 의해 목민관의 치적을 평가하였다. 우리나라(조선 왕조) 초기에 이를 토대로 해 칠사(칠사: 오사를 포함한 학교와 군정에 관한 일. 오사: 유교에서, 예절상 다섯 가지의 중요한 일.)가 되었는데 목민관이 해야 할 것의 대략만을 적었을 뿐이다.

목민관의 직책을 수행함에 있어서 각 조문을 세부적

으로 만들어 지시해도 모자랄 판에 법이 세부적이지 않다. 그러니 직책을 다하지 못할까 두려워해야 함에도 불구하고 어찌 목민관 스스로 법을 지켜 시행하기를 바랄 것인가.

이 책은 첫머리와 끝머리의 2편을 제외한 나머지 10편에 들어 있는 것만 해도 60조나 된다. 진실로 양식 있는 목민관으로서 자기의 직책을 다하고자 할 때, 이 책을 참고로 한다면 아마도 사리 판단에 있어 흐려지는 일은 없을 것이다.

옛날에 부염은 '이현보'가 지었고, 유이는 '법범'을 지었으며, 왕소에게는 '독단'이 있고, 장영에게는 '계민집'이 있으며, 진덕수는 '정경'을 지었고, 호대초는 '서언'을 지었으며, 정한봉은 '환택편'을 지었으니, 모두 목민을 위한 책이다. 이제 이런 책들이 지금은 거의 사라지고 오직 음탕한 말과 기발한 글귀만이 당대를 휩쓸고 있다. 하니 내 책인들 어찌 전해지기를 바랄 수 있겠는가.

주역에 말하기를 '선인들의 말과 행동을 많이 배워 자

기 덕을 쌓는다'라고 하였다. 이는 진실로 나의 덕을 쌓기 위함이지 어찌 목민에만 뜻을 두고 썼겠는가. 그리고 이것을 '목민심서'라고 했는데 심서라고 하는 것은 목민할 마음만이 있을 뿐이지 몸소 실행할 수 없기 때문에 이렇게 이름을 붙인 것이다.

정약용의 일생

1762년: 양주군 와부면 능내리에서 출생.

1776년: 무승지 홍화보의 딸 풍산 홍씨와 결혼.

1781년: 서울에서 과거시 봄.

1789년: 문과 급제. 부사정, 가주서 역임.

1791년: 사간원 정언, 사헌부 지평 역임.

1792년: 홍문관 수찬 제수 받음.

1794년: 홍문관 부교리 제수 받음.

1796년: 좌부승지 제수 받음.

1797년: 곡산 도호부사로 외보됨. '마과회통 12권'
　　　　편찬.

1799년: 형조참의 제수 받음.

1801년: 2월 무고로 투옥. '이아술 6권'
　　　　'기해방례변' 저술.

1808년: '다산문답' 저술.

1811년: '아방강역고 10권' 저술.

1817년: '경세유표 40권' 완성.

1818년: '목민심서 48권' 완성.

1819년: '흠흠신서 30권' 저술. '아언각비 3권'
             저술.

1822년: 회갑을 맞아 '광명' 저술.

1834년: '상서고훈과 지원록'을 개정 21권으로 합편.
             '매씨서평'을 개정 보완하여 10권으로 합편.

1836년: 2월 22일 초부면 마현(지금의 와부면 능내리)
             자택에서 세상을 떠남.

머리말 ... **7**

부임할 때의 6가지 ... **21**

부임할 때의 **6**가지

부임에 앞서

"다른 벼슬은 구해도 좋으나 목민관은 구할 것이 못 된다."

모든 사람들이 다른 벼슬은 몰라도 백성을 다스리는 벼슬(목민관)만은 책임이 막중하니 구하지 않는 것이 좋다. 비록 덕이 있더라도 위엄이 없으면 안 되고, 뜻이 있더라도 사리를 정확하게 판단할 지혜가 없으면 안 된다.

"부임 초에 재물을 함부로 써서는 안 된다."

목민관이 공식적으로 발령을 받고 궁궐을 나오려 하면 궁궐 내의 못된 무리들이 금품을 요구한다. 금품을 주게 되면 결국에 가서 백성들의 재물을 빼앗게 될 것이므로 이는 목민관으로 크게 잘못된 일이다.

"서울에 있는 지방 관아의 연락 사무소(경저)에서 고

을로 연락 문서(저보)를 보낼 때 폐해가 되는 일은 문서에 적지 말아야 한다."

새로 부임할 목민관을 환영하기 위해 **첫째** 물자를 바치는 일. **둘째** 관아를 수리하는 일. **셋째** 백성들이 깃발을 들고 나와 영접하는 일. **넷째** 고을의 일을 맡아보는 풍헌과 약정이 문안을 드리는 일. **다섯째** 부임 전에 문안을 드리는 일 중 폐단이 될 만한 일은 생략해야 한다.

"새로 부임하는 목민관의 여비(쇄마전: 나라의 말을 빌리는 돈)는 이미 관아에서 주고 있는데 또 백성들로부터 거두어들인다면 이는 임금의 은혜를 숨기고 백성들의 재물을 약탈하는 것과 같은 일이니 해서는 안 된다."

부임 여비인 쇄마전은 쌀로 지급되었으나 균역법이 실시된 이후 돈으로 지급되었다. 그러나 향청(유향소: 조선 때, 군현의 수령을 보좌하던 자문 기관)에서는 부임을 빌미로 백성들에게 여비를 강제로 징수하는데 이는 막대한 폐해가 아닐 수 없다. 따라서 목민관은 부임 비용을 최대한 아껴 백성들의 부담을 줄여야 한다.

행장을 차림에 관하여

"행장을 차림에 있어서 의복이나 안장이나 말은 모두
쓰던 것을 그대로 써야지 새것은 안 된다."

목민관으로 부임하는 사람은 반드시 서울 관아에서 대기하다 발
령을 받게 마련이니 이부자리, 의복, 안장과 말 따위는 거의 있을
것이다. 그러니 그것을 그대로 쓰면 좋을 것이다. 이것이 청렴한
선비의 행장인 것이다.

"수행하는 사람이 많아서는 안 된다."

시중을 들며 잡일을 하는 자는 조정의 좀벌레와 같은 것이므로
데려가서는 안 된다. 또 책객(집사)을 데려가서 회계를 맡기는 선
례가 있으나 제도에는 없는 것이다. 따라서 자식 한 명과 부인, 계
집종 한 명만 데려가면 되는 것이다.

"이부자리와 솜옷 외에 책 한 수레를 싣는다면 청렴

한 선비의 행장이라 할 것이다."

요즘은 오직 책력(천체를 측정하여 해와 달의 움직임과 절기를 적어 놓은
책) 한 권만을 가지고 갈 뿐 다른 책은 한 권도 행장 속에 넣지 않
는다. 돌아올 때면 당연히 많은 재물을 가지고 올 텐데 그때는 책
한 권이라도 짐이 된다는 것이다.

부임에 앞서 윗사람과의 작별 인사

"이미 사헌부(삼사의 하나. 정사를 비판하고 벼슬아치의 잘
못을 가려내어 백성의 억울함을 다스리던 관청)와 사간원(삼사
의 하나. 임금에게 간하는 일을 맡아보던 관아)이 자격 심사에
동의하면 임금에게 임지로 떠나는 인사를 드려야 한
다."

"공경(정이품 이상의 벼슬)과 대간(사헌부의 대사헌 · 집
의 · 장령 · 지평 등과 사간원과 사헌부의 벼슬아치)에게 작별

인사를 드릴 때에는 마땅히 자신의 부족함을 말할 것이지 녹봉(벼슬아치에게 연봉으로 주는 곡식·피륙·돈 따위를 통틀어 이르는 말)의 많고 적음을 말해서는 안 된다."

전관에게 두루 부임 인사를 할 때에는 자신의 부족함을 말해야 한다. 또한 목민관의 녹봉이 보잘것없다 해도 백성의 고통을 먼저 생각함이 목민관으로서 마땅히 해야 할 도리인 것이다.

"인사 담당관에게 들러 인사를 할 때에는 고맙다는 말을 해서는 안 된다."

인사 담당관이 나라를 위해서 인재를 추천하는 것은 어디까지나 자기의 맡은 바 직무일 뿐이지 이것으로써 사사로이 은혜라도 베푼 것처럼 생색내는 것은 잘못된 일이다. 이에 목민관도 어디까지나 정당한 방법으로 임관된 것이니 사사로운 은혜를 입었다고 생각해서는 안 된다.

"임금에게 하직(작별 인사)하고 대궐 문을 나서게 되

면 개연히 백성들의 소망에 수응(남의 요구에 응함)하고 임금의 은혜에 보답할 것을 마음속으로 다짐해야 한다."

목민관(수령)으로서 염두에 두어야 할 일은 농사·양잠이 잘되고, 호구가 늘고, 학교가 세워지고, 군정을 잘 다스리고, 부역을 균등하게 하고, 송사를 잘 처리하고, 간활(간사하고 교활함)한 무리가 없도록 해야 한다. 즉, 임금께 하직하고 나올 때에는 이것에 소홀함이 없도록 마음속으로 다짐해야 한다.

"이웃 고을로 벼슬이 옮겨져 지름길로 부임하게 되면 임금에게 하직의 예를 갖추지 않는다."

임지로 떠남에 있어서

"임지(근무지)로 떠남에 있어서도 또한 장중하고 온화하며, 간결하고 과묵하여 마치 말을 못하는 사람처럼 해야 한다."

목민관이 임지로 떠날 때에는 아침에 일찍이 떠나고 저녁에는 일찍이 쉴 수 있도록 하며, 위세를 부리는 행동은 삼가야 한다.

또한 행차시 필요한 수행 인원이나 재정 등은 되도록 줄여 민폐를 끼치는 일이 없도록 하고, 수행 아전들은 관대하게 백성을 대해야 한다.

"가는 길에 미신으로 인해 꺼리고 기피하는 곳이 있어 아전이 바른 길을 버리고 딴 길로 돌아서 가려 하거든 마땅히 바른 길로 가서 간사하고도 미심쩍은 말을 못하게 해야 한다."

목민관은 미신을 타파하는 일에 힘써야 한다. 부임하는 길에 아전이 미신 때문에 바른 길을 버리고 딴 길로 돌아서 갈 것을 고한다면 이를 단호하게 거절하고 바른 길로 가므로써 미신을 깨뜨릴 수 있다.

"관아에 요망한 귀신이 있다고 아전이 기피할 것을 고하거든 마땅히 구애받지 말고 부추기는 풍습을 진정시켜야 한다."

어떤 고을에 가면 관아에 요괴가 나타난다고 하여 목민관을 민가에 머물게 한다. 그러나 이것은 미신이며 설령 요괴가 있다 한들 못되고 악한 것이 어찌 바른 것을 침범할 수 있겠는가. 따라서 아전들이 피할 것을 요청해도 들어서는 안 되며 그 선동의 폐단을 없애도록 해야 한다.

"고을을 두루 지나다 마땅히 그 고을의 선임자로부터 백성에 대한 다스림의 도리를 귀담아 들을 것이지, 쓸데없는 농짓거리로 밤을 새워서는 안 된다."

임지에 해당하는 도에 들어서면 목민관은 모든 동료로서의 우의가 있으니 몸소 방문하는 것이 옳으며 그대로 지나치는 오만함을 보여서는 안 된다. 더구나 그들은 먼저 부임했기 때문에 그곳 사정에 밝아 참고할 것이 많다. 그러므로 그들에게 백성을 다스리는 데 도움이 될 만한 것들을 물어보는 자세가 필요하다.

"부임 전 하룻밤은 마땅히 이웃 고을에서 머물러야 한다."

부임하는 전날 밤은 이웃 고을에서 묵는 것이 좋다. 만일 자신의 부임지에서 묵게 된다면 신관의 수행원이라든지 영접하는 사람들이 많기 때문에 그 지역의 백성들에게 민폐를 끼치게 된다.

임지 도착 시기에 관하여

"임지에 도착하는 날을 반드시 잡을 필요는 없다. 다만 비가 올 시에는 날이 개기를 기다리는 것이 좋다."

날을 가려서 임지에 도착하지 않으면 좋지 않은 일이 있다는 속설에 따라 임지 경계에서 여러 날을 지체하는 목민관들이 있다. 이는 수행 아전들의 비웃음을 살 어리석은 행동이다. 그러니 불가피한 일이 없는 한 임지에 도착하는 것이 마땅하다. 다만 비가 오고 흐린 날에 부임하는 것은 기분상 첫인상을 좋게 보일 수 없다는 뜻에서 날이 개기를 기다려 부임하는 것이 바람직하다.

"임지에 도착하게 되면 관아의 아전과 하인들의 인사를 받는다."

임지의 고을에 도착하면 임금이 계신 대궐을 향해 망궐례(객사에 모셔 놓은 궐패를 향해 절을 하는 의식)를 행한 뒤, 곧 관아에 나아가 벼슬아치들의 인사를 받는다.

"그 다음날 향교에 가서 참배하고 이어 사직단(토지의 신과 곡식의 신에게 제사를 지내는 제단)에 가서 삼가는 마음으로 봉심(임금의 명을 받들어 능이나 종묘를 살피던 일)한다."

임지에 도착한 그 이튿날은 먼동이 트기 전에 향교의 대성전(공자의 위패를 모셔 놓은 전각)에 참배를 하고 이어 사직단으로 가서 봉심을 해야 하는데, 이때 한 고을의 신으로서는 사직이 가장 존엄한 것이니 목민관은 정성을 다해 봉심해야 한다.

공무 처리에 관하여

"그 다음날 새벽에 자리를 펴고 공무에 임한다."

처음 공무를 시작하는 날은 목민관이 자리를 정하고 사무를 처리한다.

"이날 선비와 일반 백성들에게 서면으로 통지해 마을의 병폐를 묻고 직언을 구한다."

관내의 선비들이나 백성들에게 서면으로 통지를 내린 다음, 정해진 기한 내에 고을의 여러 가지 민폐나 병폐를 적어 내도록 한다. 그리고 그것을 근거로 공정한 처리를 한다.

"이날에 백성들의 소장(청원할 일이 있을 때에 관청에 내는 서면)이 있으면 그 판결은 마땅히 간결하게 한다."

"이날 몇 가지 명령을 내려 백성들과 약속을 하되 바깥 문 기둥에 특별히 북 한 개를 걸어 놓도록 한다."

백성들이 청원하고 싶으나 목민관에게 그것이 올라가기도 전에 중간에서 아전이나 군교들의 농간으로 청원이 받아들여지지 않을 경우가 있으니, 이에 목민관은 북을 설치하여 직접 백성들의 억울하고 딱한 사정을 털어놓을 수 있게 해야 한다.

"관아의 일에는 기한이 있는데 이 기한을 믿지 못하면 백성들이 법령을 희롱하게 될 것이므로 기한은 신뢰할 수 있게 지켜지지 않으면 안 된다."

관아의 일에는 반드시 기한이 있어야 하며 그 기한을 지켜 백성들에게 믿음을 주어야 한다. 만일 그렇지 못하면 백성들이 관아를 믿지 않게 되므로 모든 일에 차질이 생기고 위신도 떨어져 결국에는 백성들이 법을 따르지 않는다.

"이날 책력(달력)에 맞는 작은 책자를 만들고 모든 업

무에 정해진 기한을 기록하여 잊어버리는 것에 대비해
야 한다."

책력을 만들어 업무에 대한 처리 기한을 기록하고 이를 점검하여
업무 기한을 잊지 않도록 해야 한다.

"다음날 노련한 아전으로 하여금 화공(직업적으로 그
림을 그리는 사람)을 불러 모아 본현의 4경도(사방의 경계
를 그린 지도)를 그리게 한 후 벽에 걸도록 한다."

고을의 정사를 살펴 나갈 때에는 그 기본이라 할 수 있는 지도를
만들어 그 실태를 한눈에 파악할 수 있게 해야 한다. 만일 고을에
화공이 없다면 이웃 고을에서라도 데려와야 한다.

"도장의 글씨는 마멸되지 않아야 하며, 서명이 거칠
고 엉성해서는 안 된다."

도장이 닳아서 글씨가 분명치 않으면 아전들이 농간을 부리기 쉬
우니 부임 즉시로 문제가 있는 도장은 예조에 보고해 다시 만들어

야 한다.

"이날 목도장(나무 도장)를 몇 개 새겨서 여러 마을에
나누어 주도록 한다."

고을의 면이나 리의 일을 맡아보던 향소(군현의 수령을 보좌하던 자문
기관. 유향소. 향청)의 담당자들은 도장이 없으므로 보고서 자체가 허
위로 조작되는 경우가 많다. 따라서 공무를 시작하는 첫날로 향리
(한 고을에서 대를 이어 내려오던 아전)들에게 도장을 만들어 준다. 그리
고 반드시 문서에 도장을 찍어 위조되는 폐단을 막아야 한다.

자신을 다스리기 위한 **6**가지

몸가짐에 관하여

"일어나고 앉는 것에 절도가 있으며 갓과 띠의 차림은 단정하고, 백성을 대할 때에 장중한 태도를 취하는 것은 옛사람의 도리이다."

날이 밝기 전에 일어나 의관을 바로잡아 가지런히 하고 그날 할 일을 차분히 생각한 다음, 일의 순서를 정한 뒤 의관도 공무 집행이나 큰 의식 등에 맞게 따른다. 몸가짐 또한 엄숙하고 정중하게 하여 목민관으로서의 위엄을 갖추어야 한다.

"공사에 여가가 있으면 반드시 정신을 모아 맑게 생각하며 백성을 편하게 할 방책을 헤아려 지성으로 선을 구해야 할 것이다."

공무를 처리하고 조금이라도 여유 시간이 있으면 백성을 편안하게 해 줄 수 있는 방법을 찾는다. 그 방법을 찾았다면 어진 정사를 베풀 수 있도록 온 힘을 기울여야 한다.

"말을 많이 하지 말 것이며, 사납게 성내지 말아야 한다."

윗사람은 그 하나하나의 행동이나 동작이 아랫사람에게 노출되어서는 안 된다. 노출되면 그 어떤 사소한 일도 소문이 되고 그것이 관아 밖으로 퍼지게 된다. 따라서 말이 적을수록 위신을 잃지 않는 법이다. 목민관 가운데는 간혹 위엄을 세우려고 사납게 성을 내는 경우가 있는데 그것은 일시적인 효과만 있을 뿐, 반복되면 체통만 떨어지게 되니 되도록 화내는 일은 하지 말아야 한다.

"아랫사람을 다스릴 때 너그럽게 하면 따르지 않을 백성이 없다. 그러므로 공자가 말하기를 '윗자리에 있으면서 너그럽지 못하고 예를 행함에 있어 공경함이 없다면, 내가 그에게서 무엇을 보랴.' 하였다. 또한 말하기를 '너그러우면 많은 사람들을 얻는다.'라고 했다."

웃사람은 아랫사람들을 너그러움으로 이끌어야 한다. 그래야 아랫사람이 은혜롭게 생각하여 진심으로 공경하게 된다. 예로부터 너그럽고 어진 사람은 많은 사람들의 지지를 받아 뜻을 이룰 수 있었다. 그러나 우악스럽고 포악한 자는 인심을 잃어 뜻을 이루기는

커녕 불행한 처지에 놓이게 된다.

"조정은 체면과 위신을 지키기 위해 엄숙하기를 힘써야
하므로 목민관의 곁에 다른 사람이 있어서는 안 된다."

목민관은 남을 대하기에 떳떳하고 위엄과 신망이 있어야 하는 것
이며 그 믿음은 예를 갖추는 모습으로부터 비롯된다. 따라서 언행
에 품위가 없는 자를 옆에 두어서는 안 된다.

"군자로서 무게가 있지 않으면 위엄이 없기 때문에 백성
의 윗사람이 된 자로 무게를 유지하지 않으면 안 된다."

'논어'에 나오는 '군자는 무겁지 않으면 위엄이 없다.'라는 말처럼
사람이란 행동에 무게가 있을 때 위엄이 있는 것이니 백성의 윗사
람이 된 자로 이 점에 더욱 더 신경을 써야 한다.

"술을 끊고 여색을 끊으며, 소리와 풍류를 물리치고, 공손하고 단정하고, 엄숙하기를 큰 제사 받들 듯하여, 감히 유흥에 빠져 거친 정사를 하는 일이 없도록 해야 한다."

목민관은 언제나 주색을 멀리하고 향연을 삼가며 엄숙함과 엄격함과 공정한 자세로 정사를 빈틈없이 처리해 나가야 한다.

"한가롭게 놀고 즐기는 것을 백성들은 좋아하지 않는다. 단정하게 앉아서 움직이지 않는 것만 못하다."

"백성을 다스리는 일도 이미 이루어지고 백성들의 마음도 이미 즐겁게 된 뒤라면 풍류를 크게 마련하여 백성들과 함께 즐기는 것 또한 선배들이 하던 훌륭한 일이다."

목민관이 어진 정사를 펴서 백성들이 잘살게 된 뒤라면 풍류를 마련해서 백성들과 함께 즐기는 것 또한 아름다운 일이며 선배들 역시도 그러했다.

"따르는 하인을 줄이고 부드러운 얼굴빛으로 백성들에게 묻고 알아보면 기뻐하지 않을 백성이 없을 것이다."

시중드는 자를 줄이는 한편으로 백성들의 노고를 위로하고 여론을 정책에 반영한다면 백성들도 기꺼이 따를 것이다. 그리고 잘 다스린 공적을 높이 살 것이다.

"관아에서 글 읽는 소리가 난다면 그는 청렴한 선비라고 말할 수 있을 것이다."

공무를 처리하고도 시간이 날 때에는 정책에 참고가 될 만한 자료를 읽어 교양을 높이고 이것을 바탕으로 실천하는 사람이야말로 목민관의 자격이 있다 할 것이다.

"만약 시나 읊고 바둑이나 두면서 공무를 아전들에게 내맡긴다면 그것은 크게 잘못된 일이다."

목민관이 공무는 아전들에게나 맡기고 자신은 시나 짓고 바둑이나 두면서 세월을 낭비하면 공무가 엉망이 된다. 그리하면 백성들이 고통을 받게 되므로 그런 일이 없도록 해야 한다.

"전례에 따라 일을 줄이고 요점만을 잡도록 하는 것도 한 가지 방법이긴 하지만 이는 오직 시대의 풍속이 맑고 순박할 때, 지위와 명망을 아울러(그것과 함께) 높은 사람만이 할 수 있는 것이다."

청렴함에 관하여

"청렴이란 것은 목민관 본연의 의무이며 모든 선정의 근원이고 모든 덕행의 뿌리이다. 청렴하지 않고서 목민을 할 수 있었던 자는 일찍이 없었다."

벼슬아치들은 무엇보다도 청렴을 본분으로 여겨야 한다. 목민관이 된 자는 더욱 그렇다. 목민관이 재물만을 탐하고 청렴의 본분을 지키지 않는다면 어진 정책을 펼 수 없으므로 백성을 편히 살게 할 수 없다. 옛부터 지극히 청렴한 관리를 선정해서 '청백리'라는 명예를 주고 표창을 한 것은 이런 연유 때문이다.

"청렴하다는 것은 천하에 큰 가치가 있는 것이다. 그런 까닭에 크게 탐하는 자는 반드시 청렴하려 하는 것이니 사람이 청렴하지 못한 것은 지혜가 모자라기 때문이다."

재물은 모두가 제 것으로 만들고 싶어하는 바이다. 하지만 재물보다도 더한 것이 있기 때문에 이를 버리고 취하지 않는다. 지혜가 원대하고 생각이 깊어 청백리에 욕심을 둔 자는 높은 지위에 오르고 귀하게 될 터전을 닦는 것이나 다름없다. 그러나 지혜가 짧고 생각이 얕은 자는 변변치 않은 재물을 탐해서 몸을 망치게 된다.

"그런 까닭에 옛부터 무릇 지혜가 깊은 선비는 청렴한 것을 교훈으로 삼고 탐욕을 경계하지 않은 이가 없었다."

예로부터 지혜가 원대하고 생각이 깊은 자는 청렴을 소중히 여기고 탐욕을 경계했다.

"오직 백성의 고열을 빨아먹는 자만이 탐관은 아니다. 무릇 선물로 보내 온 것들도 받아서는 안 된다."

아전·군교 등이 바치는 음식이나 물품 등도 결국은 백성들의 돈을 거두어서 만들어진 것이니 이런 것들도 받지 말아야 한다.

"목민관이 청렴하지 않으면 백성들이 그를 도둑으로 지목하여 마을을 지날 때에는 더러운 욕설이 들끓어 떠들썩할 것이니 이 또한 수치스러운 일이다."

"뇌물을 주고받음에 있어서 누가 비밀을 지키지 않겠냐만 한밤중에 한 것도 아침이면 드러난다."

뇌물을 주고받는 일이 한밤중에 이루어진다 해도 그 비밀은 지켜지지 않아서 다음날이면 곧 드러난다.

"보내 온 물건이 비록 아주 작은 것이라 하더라도 마

음의 정이 맺어졌으니 이미 사사로운 욕망이 행해진 것
이다."

하찮은 물건을 주고받는다 해도 거기에는 이미 사사로운 정이 얽
히게 되므로 일의 공정성을 잃게 된다.

"청렴한 벼슬아치를 귀히 여기는 것은 그가 지나가는
곳의 산림이나 천석(수석)도 다 그 맑은 빛을 받게 되기
때문이다."

목민관이 청렴하면 그 고을의 백성들만 그 은혜를 입는 것이 아
니라 산에 있는 숲이나 물에 있는 돌까지도 그 맑은 빛에 젖게 된
다.

"무릇 진기한 물품이 자신 읍에서 생산된 것이라도
반드시 고을의 폐해가 되는 것이니, 하나라도 그것을 가
지고 돌아가지 않아야만 청렴한 자라 말할 수 있다."

고을에서 진귀한 토산품이 생산될 경우 상부 관청의 요구나 목민

관 자신의 탐욕에 의해 백성들에게 더 큰 부담을 지우는 폐단이 있다. 청렴한 목민관은 결코 상관에게 그 토산품을 상납한다든지 자신 스스로 탐해서도 안 되며, 또한 임기가 끝나 떠난다 해도 그것을 행장 속에 넣어서는 안 된다.

"괄괄한 행동과 각박한 정사는 인정에 가깝지 않은 바 군자가 물리쳐야 하는 것이지 취할 바가 아니다."

목민관은 너그럽고 어진 정치로 백성을 대해야 한다.

"무릇 민간의 물품을 사들임에 있어 관에서 정한 값이 너무 헐한 것은 마땅히 시가대로 사들여야 한다."

관에서 정한 값은 한 번 정해지면 100년이 되어도 바뀌지 않으니 시세에 맞을 리가 없다. 때문에 관에서 정한 것이 시세보다 너무 낮으면 그것을 사들여야 하는 아전이 괴로움을 당하게 되고 백성들 역시도 손해를 보게 된다. 따라서 해마다 봄과 가을로 수매 가격을 시세에 맞게 고쳐서 이러한 폐단을 없애야 한다.

"무릇 그릇된 관례가 전해 내려오는 것은 애써 바로 잡아 고쳐야 하고 간혹 고치기 어려운 것은 자신만이라 도 그 잘못을 범하지 말아야 한다."

예로부터 전해 내려오는 잘못된 관행은 이를 과감히 시정해야 한 다. 그런 것들이 백성들을 착취하고 아전이나 관원들을 살찌게 한 다. 만일 시정하기 어려운 것이라면 자신만이라도 그 잘못을 저지 르지 않도록 해야 한다.

"무릇 관에서 쓰는 포목(베와 무명)이나 비단을 사들 이는 자는 반드시 인첩(관인이 찍힌 수첩)을 갖도록 한 다."

아전이나 관노가 관용품을 사들일 때, 관청에서 쓰는 물자임을 빙자하여 강제로 헐값에 사들이거나 혹은 개인이 관청에서 사들 이는 것처럼 속여 상인들에게 손해를 끼치는 경우가 있다. 이러한 폐단을 막기 위해서는 반드시 관인이 찍힌 수첩을 만들어 그 거래 를 명확히 해야 한다.

"무릇 일상 생활의 용품에 해당되는 지출 장부는 깊이 따져서 살필 필요까지는 없으며 빨리 끝 부분에 서명하되 물흐르듯 해야 한다."

성균관이나 여러 창고의 경비는 마땅히 자세하게 살펴봐야 하겠지만 주방의 아전이나 어진 선비의 경비는 깊이 따지지 말고 빨리 승인하고 서명해야 한다.

"목민관의 생일날 아침에는 아전이나 군교가 있는 관아에서 혹 성찬을 올리더라도 받아서는 안 된다."

목민관의 생일을 축하한다고 해서 아전·군교들이 특별한 음식과 물품을 올리는 것은 모두 백성들을 등쳐서(위협하여 남의 재물을 빼앗다) 얻은 것이니 백성들의 원한이 서려 있다. 그러므로 이런 물건을 절대 받아서는 안 된다.

"무릇 남을 위해 기꺼이 재물을 내놓았다 할지라도 드러내어 말하지 말고, 덕을 베풀었다는 말을 하지 말고, 남에게 자랑하지 말 것이며, 전임자의 허물을 말하지도 말라."

청렴한 사람이 봉록(벼슬아치에게 연봉으로 주는 곡식·피륙·돈 따위를 통틀어 이르는 말. 녹봉. 식록.)의 물품을 내놓아 백성을 돕는 일은 좋은 일이나 그것을 자랑삼아 생색을 내며 스스로 선정을 베풀었다고 자랑해서는 안 된다.

"청렴한 자가 은혜로운 마음이 적으니 사람들은 이를 병으로 생각한다. 모든 책임은 자신에게로 돌리고 남에게 책망하는 일이 적으며 사사로운 청탁이 행해지지 않을 때 청렴하다 말할 수 있을 것이다."

청렴한 목민관은 시비를 가려 잘못을 다스리는 것이 엄하기 때문에 자칫 너그럽지 못하고 쌀쌀맞을 수 있다. 이를 두고 백성들은 고질적인 병이라 생각하므로 먼저 자기 자신의 잘못을 꾸짖을 때에는 심하게 하되 아랫사람을 꾸짖을 때에는 관대하고도 너그러운 자세로 임해야 한다.

"청렴한 소리가 사방에 이르고 아름다운 소문이 날로 빛나면 이 또한 인간 세상사 대단한 영광이다."

집안을 다스리는 것에 관하여

"자기 몸을 닦은 뒤에야 집안을 바로 이끌어 갈 수 있고, 그런 후에야 나라를 다스린다는 것이 천하에 통하는 공통된 이치이다. 그러니 그 고을을 잘 다스리려고 하는 자는 먼저 자신의 집안을 잘 이끌어 가야 한다."

'수신 제가 치국 평천하(마음과 행실을 바르게 닦아야 집안을 다스리고, 나라를 다스려 천하를 편안하게 할 수 있다는 뜻.)'라는 말이 있듯이 목민관이 된 자가 그 고을을 잘 다스리려면 먼저 자신의 집안을 잘 이끌어 나가야 한다.

"국법에 어머니를 모시고 가서 봉양을 할 때에는 나라에서 그 비용을 지급하고, 아버지의 봉양에는 그 비용을 지급하지 않는데 거기에는 이유가 있는 것이다."

국법에 어머니가 아들의 임지로 따라가서 봉양을 받을 때에는 나라에서 그 비용을 지급하는데 아버지가 따라가서 봉양을 받을 때에는 아무런 지급도 하지 않는다. 그것은 아들과 아버지가 임지에 함께 가게 되면 아버지로서 정사에 관여할 여지가 있기 때문이다. 그러기에 되도록이면 아버지는 아들의 임지에 따라가지 않는 것이 일반적인 예의이다.

"청렴한 선비가 관직에 나갈 때에 가족을 데리고 가지 않는데, 가족이란 처자를 두고 이르는 말이다."

옛날의 목민관은 부임에 있어서 처자를 데리고 가지 않았다. 처자를 데리고 가게 되면 공무에 지장이 있을까 하는 염려 때문이다.

"형제간에 서로 생각이 나면 때때로 왕래할 것이나 오래 머무르는 것은 좋지 않다."

형제간에 보고 싶어 근무지(임소)를 찾는 것은 좋으나 오래 머물러서는 안 된다. 더구나 근무지(임소)에 따라가서 머무르는 것은 옳지 않은 일이다.

"따라오려는 손님들이 많더라도 따뜻한 말로 작별하고 떠날 것이요. 노비들이 많더라도 양순한 자만을 가려 뽑을 것이니, 사사로운 정에 얽매여서는 안 된다."

"부녀자가 내려오는 날에는 마땅히 치장을 십분 검약(검소하며 절약함)하게 해야 할 것이다."

"의복을 사치스럽게 하면 사람들이 꺼리고 귀신도 시기하는 바이니 복을 꺾는 것과 같다."

"음식의 사치는 재물을 소모시키고 없애는 것이니,

재앙을 부르는 일과 같은 것이다."

　음식을 분수에 넘치도록 차리면 재정을 악화시켜 국고를 축내게
되므로 결국 부정을 저지르게 된다.

　"규문(부녀자가 거처하는 방. 규중. 규합.)이 엄하지 못하
면 가도가 어지러워진다. 한 집안에 있어서도 오히려 그
와 같거늘 하물며 관서(관청과 그 보조 기관을 통틀어 이르
는 말)에 있어서는 어떠하겠는가. 법을 세워서 마땅히 금
하기를 우레와 같이 하고 서리와 같이 해야 할 것이다."

　규문이 엄하지 못하면 집안의 법도가 문란해지는 법인데 더군다
나 관아는 더 말할 것도 없다. 규문의 기강을 바로잡아 관아의 출
입을 엄금해야 한다.

　"청탁이 행하여지지 않고 뇌물이 들어오지 않는다면
이는 집안이 바른 것이라 말할 수 있다."

"물건을 사되 그 값을 묻지 않고, 사람을 부릴 적에 두려워하게 하지 않는다면 그 규문(부녀자가 거처하는 방. 규중. 규합.)은 곧 존경을 받게 될 것이다."

"방에 첩이 있으면 부인은 이를 질투하게 마련이다. 행동을 한 번 잘못하면 소문이 사방으로 퍼지니 일찍이 욕정을 끊어 후회함이 없도록 해야 한다."

몸가짐을 바로하지 못해 혹 첩이 생긴다면 부인의 질투가 있게 마련이다. 이것이 자칫 잘못하면 추한 소문으로 퍼져 얼굴을 못 들게 되는 것은 물론 더 나아가 관찰사의 귀에 들어가면 낭패를 보게 될 것이 뻔하다. 그러니 참으로 부끄러운 일이 아닐 수 없다.

"자혜로운 어머니의 가르침이 있고 어머니와 자식간에 조심하고 주의하면 이것을 법도 있는 집안이라 할 것이고, 백성들이 이를 본받을 것이다."

손님을 물리치는 것에 관하여

"무릇 관부에는 손님이 있어서는 안 된다. 오직 서기한 사람을 두어 내부 일까지 겸하여 살피게 한다."

요즈음 목민관이 따로 서기를 두어서 회계를 맡아보고 장부를 기록하게 하는데 이것은 법에 어긋나는 것이다. 관부의 회계란 공적인 용무이거나 사적인 용무이거나를 막론하고 그 안에 포함되지 않으며 아전이나 하인도 마찬가지이다. 그런데 아무 명분도 지위도 없는 사람으로 하여금 이와 같은 일을 맡겨서 날마다 재정을 맡은 자(아전이나 관노)와 다투게 하니 이것은 이치에 맞지 않는 일이다. 따라서 관부 안에는 사사로움에 의한 외부 사람이 머물게 해서는 안 된다.

"무릇 고을 사람이나 이웃 고을 사람들을 접견해서는 안 된다. 무릇 관부 안은 마땅히 엄숙하고 맑아야 한다."

요즈음 관례에 따라 목민관이 현지 부임에 앞서 조정에 하직 인사를 가게 되면 조정의 고관이 이웃하는 사람을 찾아보라고 한다. 이때 청탁받는 일이 많으니 관부를 맑게 하려면 처신을 신중히 해야 한다.

"친척이나 친구가 관내에 많이 살면 거듭 엄히 약속하여 남의 의심과 비방을 막고, 서로 좋은 정을 지키게 해야 할 것이다."

"무릇 조정의 고관이 사사로이 편지를 보내 뇌물로써 청탁을 하더라도 이를 들어주어서는 안 된다."

"가난한 친구와 생활이 몹시 어려운 친족이 먼곳에서 방문했을 때에는 마땅히 맞아들여서 접견하고, 후하게 대접하여 보내야 한다."

관아로 찾아오는 자는 대체로 가난하고 천하기 때문에 무리한 부탁을 하는 경우가 많다. 특히 출세를 하게 되면 친구와 친척들이 많이 찾아오는데 이는 참으로 난처한 일이다. 이때 그들을 따뜻하게 맞이하고 후하게 대접하여 실망하는 일이 없도록 처신해야 한다.

"일과 관계가 없는 사람은 출입을 엄하게 금지해야 한다."

목민관들 중에는 관부의 모든 문을 활짝 열어 놓는 것이 덕행인 것처럼 생각한다. 그런데 목민관의 직책은 어디까지나 백성을 잘 다스리는 데 있는 것이지 사람을 만나 접대하는 데 있는 것이 아니다. 따라서 문을 지키는 아전에게 명하여 문밖에 찾아온 사람이 있다면 먼저 좋은 말로 사절해 놓고 자신에게 조용히 고하여 처분을 묻도록 하는 것이 실수를 적게 하는 일이다.

아껴 쓰는 것에 관하여

"백성을 잘 다스리는 자는 반드시 자애스럽다. 자애롭기 위해서는 반드시 청렴해야 하고, 청렴하고자 하는 자는 반드시 절약해야 한다. 그러니 아껴 쓰는 것은 목민관이 제일 먼저 해야 할 일이다."

재정을 아끼면 세금 부담이 줄어 백성들이 넉넉해진다. 따라서 백성을 사랑한다면 가장 먼저 절약에 힘써야 한다.

"아껴 쓰는 것은 한도를 제한한다는 것이다. 한도로써 제약하는 데에는 법식(의식 등의 규칙)이 있으니 법식이란 곧 아껴 쓰는 것의 기본이다."

"의복과 음식에는 반드시 검소함을 법식으로 삼아야 하고, 조금이라도 가볍게 그 법식을 넘는다면 그 쓰는 것이 절도가 없는 것이다."

의복이나 음식은 필수품이기 때문에 잠시도 없어서는 안 된다. 따라서 이를 사치하려 든다면 끝없다. 때문에 의복과 음식부터 일정한 법과 양식을 마련하되 낭비가 없는 절약을 의주(나라의 전례 절차를 적은 책)로 정해야 한다.

"제사를 지내고 빈객을 접대하는 일이 비록 사사로운 경우일지라도 마땅히 일정한 법식이 있어야 하고, 열악한 작은 고을에서는 마땅히 법식을 줄여야 한다."

목민관이 자기 선조의 제사를 지낸다던지 손님을 접대하는 것이 공적인 일이 아니기 때문에 법과 양식이 있어야 하고, 특히 작은 고을이라면 재정이 열악하므로 더욱 간소해야 한다.

"안채에 보내는 물건은 모두 법식을 정하되 한 달 쓸 것을 그 달의 첫째 날에 다 보내게 한다."

관부의 명령이나 법령은 투명하고 간결한 것이 좋다. 안채에서 쓰는 일용품들 중 상하지 않는 물품(쌀이나 소금 등)은 날마다 수령

(받아들음)하기가 번거로우니 한 달에 쓸 분량을 그 달의 첫째 날에 수령할 수 있도록 법과 양식을 정한다.

"공적으로 대접하는 손님 또한 미리 법식을 정하되 기일 전에 물품을 준비하여 예리(예방의 아전)에게 주고, 비록 남는 것이 생기더라도 도로 찾지 말아야 한다."

공적인 손님을 대접할 때 쓰이는 물품은 법과 양식을 정하되 옛 관례에서 중간 것을 택한다. 그리고 공적인 손님이 도착한다는 날짜 전에 물품 담당 아전에게 명하여 물품을 준비한 뒤 예리에게 넘긴다. 이렇듯 공적인 손님의 접대 또한 법과 양식을 정해 놓고 구입과 지출을 분명히 하여 모든 물품의 낭비를 줄인다.

"무릇 아전이나 관노들이 바치는 것 가운데 회계에 포함되지 않는 것은 더욱 아껴야 한다."

관부에서 사용하는 모든 물품은 어느것이나 모두 백성의 부담이 아닌 것이 없다. 그 중 그 대가를 관부의 회계에서 지출하지 않는 것은 백성에게 피해를 가중(더 무겁게 함)시키는 것이니 그것을 알아 더욱 아껴야 한다.

"자기 물건을 쓰는 것에 대하여 많은 사람들은 능히 절약할 수 있으나, 공적 창고의 물건은 능히 절약할 수 있는 사람이 드물다. 공적인 물건을 자기 것처럼 아끼는 것이 곧 현명한 목민관이다."

"교대하고 돌아가는 날에는 쓰다 남은 것을 반드시 장부에 기록한다. 쓰다 남은 액수는 마땅히 예비로 알아야 한다."

"천지가 만물을 만들어서 사람으로 하여금 누리고 쓰게 하였는데 한 가지 물건이라도 버리는 것이 없게 한다면 재물을 잘 쓴다고 할 수 있는 것이다."

하늘과 땅은 사람들이 생활에 필요한 것을 만들어 내고 있는데 이것에 대한 이치를 몸소 겪어서 알게 되면 사소한 물건 하나라도 이를 잘 쓰게 되므로 낭비하는 일이 없게 된다.

즐겁게 주는 것에 관하여

"절약만 하고 풀지 않으면 친척이 멀어진다. 베풀기를 즐겨 하는 것은 덕을 심는 근본이다."

"가난한 친구나 사정이 딱한 친척은 힘이 닿는 대로 구제해야 한다."

가난한 친구나 친척이 찾아왔을 때에는 될 수 있는 한 도와주어야 한다.

"나의 녹봉에 여유가 있어 남들에게 베푸는 것은 좋

으나 관가의 재물을 훔쳐 사사롭게 사람을 구제하는 것
은 예가 아니다."

"자신의 녹봉을 절약하여 그 지방 백성들에게 돌아가
게 하고, 자기 집 농사의 수입을 풀어서 친척들을 돕는
다면 원망이 없을 것이다."

나라에서 주는 녹봉(벼슬아치에게 연봉으로 주는 곡식 · 피륙 · 돈 따위를
이르는 말. 봉록. 식록.)을 절약해서 쓰고 남은 것으로 고을 백성을 돕
는다면 백성들이 감격하여 잘 따를 것이고, 내 집에서 농사지은 곡
식으로 친척을 돕는다면 이 또한 친척간에 화목을 다지는 것과 같
은 것이다.

"귀양살이하는 사람의 객지 살림이 곤궁하다면 이를
불쌍히 여겨 보살펴 주는 것 또한 어진 사람이 힘쓸 바
이다."

나라에 죄를 지어서 귀양살이를 하는 자들은 지극히 곤궁하기 마

련인데 어진 목민관은 이런 처지에 있는 자들을 불쌍히 여겨 잘 돌
봐 주어야 한다.

"전쟁으로 인하여 몹시 혼란스럽고 어수선할 때 떠돌
아다니는 많은 사람을 어루만져 주는
것이 의로운 사람의 할 일이다."

"권세가 있는 집안을 후하게
섬겨서는 안 된다."

재상으로서 청렴하고 사리에 밝으며 식견이 있는 자는 선물이나
물품을 받지 않을 것이다. 도리어 아첨꾼으로 오해를 하거나 해가
될 뿐 그 어떤 이익도 없다. 하니 그와 같은 행동을 삼가야 한다.

나라와 사회를 위한 **6**가지

조정을 위한 하례(축하의 예식)

"군수와 현령의 본래 하는 일은 임금의 은덕(은혜로 입은 신세)을 받아 덕으로 널리 교화하는 일인데 지금에 와서는 오직 감사(관찰사)만이 그 책임이 있다고 하는 것은 잘못된 일이다."

"임금의 말씀(윤음. 윤지.)이 고을에 이르면 마땅히 백성들을 불러모아 몸소 가르침을 널리 알려 임금의 어진 뜻을 알게 해야 한다."

임금의 말씀(윤음. 윤지.)이 내리면 목민관은 마땅히 임금을 상징하는 나무 패 앞에 나서서 널리 공포하고 널리 알려 백성들에게 은혜를 품게 해야 한다. 매번 임금의 말씀이 있었으나 아전이 숨기고 알리지 않으니 열 번이면 한두 번 알리는 것이 고작이다. 이처럼 임금의 말씀을 감추는 것은 여러 가지 죄 중에서도 가장 큰 것이니 처형을 한다 해도 변명할 여지가 없다.

"교문(나라에 큰일이 있음을 알리는 글), 사문(나라에 경사가 있을 때 죄인을 풀어 주거나 죄를 감해 줄 적에 임금이 내리던 글)이 고을에 이르면 역시 그 사실을 요약하여 백성들에게 널리 알려서 소상히 알도록 해야 한다."

교문과 사문이 반포되어 고을에 이르면 목민관은 마땅히 어려운 문체를 쉽게 풀어 백성들로 하여금 이를 알게 하고 함께 경축해야 한다.

"그 달의 초하루와 보름의 예는 응당 엄숙히 공경을 다해 백성으로 하여금 조정의 존엄함을 알게 하여야 한다."

첫째 날(초하루)과 열다섯째 되는 날(보름)에는 먼동이 틀 무렵 임금이 계신 곳을 향해 예를 올린다. 이때 의관을 정제(바로잡아 가지런히 함)하고 엄숙하게 경의를 표하므로써 조정의 존엄함을 백성들이 알도록 해야 한다.

"국상이 났을 때의 예는 오르지 조정의 전례 절차에 따라야 하는데 옛 예절은 강론하지 않을 수 없는 것이다."

왕이나 왕비가 죽어서 국상이 났을 때, 목민관이 대궐을 향하여 행하는 망위례는 마땅히 조정의 전례 절차에 따라 옛날의 예법대로 엄숙하고도 경건하게 행한다.

"국기일(임금이나 왕비의 제삿날)에는 일을 멈추고 형벌도 집행하지 않으며, 음악을 중지함에 있어 모든 것을 법례대로 행해야 한다."

나라의 제삿날에는 형을 집행하지 않으며, 군악을 울리거나 풍류를 삼가야 한다. 목민관 역시도 전날 목욕으로 몸을 깨끗이 하고 국기일을 경건하게 맞이해야 한다.

"조정에서 명령이 내려온 것을 백성들이 기쁘게 따르지 않아 시행할 수 없으면 마땅히 병을 핑계로 관직에서 물러나야 한다."

백성들에게 큰 폐단이 되고 백성들이 원치 않는다면 명령을 강제로 시행할 수 없다. 또한 조정의 명령을 시행하지 못한 목민관은 그 책임을 다하지 못했으므로 마땅히 물러나야 한다.

"옥새가 찍힌 글이 멀리서 내려오게 되면 목민관의 영광이요, 때때로 꾸짖는 글이 이르게 되면 목민관이 두려워해야 할 일이다."

목민관이 어진 정치로 새서(임금의 옥새가 찍힌 문서)를 받는다면 이는 더할 수 없는 영광이다. 반면에 행정을 그르쳐 문책의 유지(임금이 신하에게 내리던 글)를 받는다면 이것은 수치이며 두려워해야 할 일이다.

법을 준수하는 것에 관하여

"법이란 임금의 명령이니 법을 지키지 않는다는 것은 임금의 명령에 따르지 않는 것이다. 어찌 신하된 자가 감히 그렇게 할 수 있겠는가."

법을 지킴은 임금의 신하된 자로서 마땅히 지킬 일이라는 것이다. 따라서 책상 위에는 임금의 명령이나 나라의 큰 의례나 법전(대명률: 명나라의 기본 형법을 적은 책. 대전통편: 조선조의 기본 법전.)을 한 부씩은 비치해 두고 언제나 법 조항을 들추어본 다음 법에 따라 정사를 처리해야 한다.

"확실하게 법을 지켜서 굽히지 않고 빼앗지 않으면, 무릇 사람의 사사로운 욕심이 물러나고 하늘의 떳떳한 이치가 세상에 널리 퍼질 것이다."

"모든 국법에서 금하는 것과 형률에 실려 있는 것은 마땅히 두렵게 여겨서 감히 범하는 일이 없도록 해야 한다."

목민관이 일을 처리할 때에는 반드시 나라의 법전을 살펴야 한다. 조금이라도 법과 형률에 어긋날 때에는 그것을 집행해서는 안된다. 그리고 어긴 법을 전임자가 넘겨주면 마땅히 이에 대한 시정을 요구하고 그래도 듣지 않는다면 덮어두지 말고 감사(관찰사)에게 보고해야 한다.

"유리함에 유혹되지 아니하고 위세에 굽히지 않는 것이 목민관의 도리이다. 비록 상관이 독촉하더라도 받아들이지 말아야 할 것이다."

목민관이 정사를 돌봄에 있어서 뇌물로 유혹하는 자도 있고 권력으로 굴복시키려는 자도 있을 것이다. 그러나 목민관은 뇌물이나 권력에 굽히지 말고 확고히 법을 지켜야 한다. 비록 상관의 부탁이라 할지라도 법에 어긋나는 일은 삼가야 한다.

"해가 없는 법은 지켜서 변경하지 말아야 하며 관례에 합리적인 것은 쫓아서 잃지 않도록 할 것이다."

"읍례라고 하는 것은 한 고을의 법이니 이치에 맞지 않는 것은 고쳐서 지켜야 한다."

각 고을에는 옛부터 내려오는 관례로 절목(법률이나 규정 따위를 적어 놓은 것)이란 것이 있는데 처음 만들 때 완전치 못했다. 따라서 많은 사람의 손에 의해 고쳐졌다. 그러나 고칠 때 백성들에게 피해를 주고 아전들에게 유리한 조항이 많으므로 목민관이 된 자로서 이런 것들을 개혁하여 정사를 바르게 해야 한다.

예의 있는 교제에 관하여

"예의 있는 교제는 군자가 조심하여 지켜야 할 일이니, 공손하고 예에 가까우면 치욕을 멀리 할 수 있을 것이다."

예의를 갖추어 교제하는 것은 가장 어려운 일로써 신중해야 할 바이니, 어디까지나 공손과 예를 다하면 업신여기지 못할 것이다. 따라서 수치와 모욕을 면하게 할 현명한 방법인 것이다.

"외관(목민관을 일컬음)과 사신(왕명을 받들고 온 관인. 감사나 어사.)이 서로 볼 때에는 예를 갖추어야 하는데 온전

한 예의가 나라의 법전(경국대전)에 나와 있다."

"연명(명령을 맞이하여 받는 것)의 예를 다하기 위해 감
영으로 가는 것은 옛 예가 아니다."

연명이란 임무를 띤 신하가 순행(이곳 저곳
을 도는 것)차 본읍에 도착했을 경우, 목민관
이 객사의 뜰로 나와 공손하게 교서(임금이 신
하에게 내리는 명령서)를 받들고 신하로서의 예
를 행하는 것이다. 순행하는 자가 본읍에 이
르지 않으면 목민관으로서 연명하지 않는 것이 옛날의 예이다. 그러
나 선비의 기풍과 절개가 약해지면서 순행의 임무를 띤 자가 본읍에
오지 않았는데도 감영으로 달려가 연명을 행한다면, 연명에 대한 올
바른 의미를 모르는 것이다.

"감사는 법을 집행하는 관원이니, 비록 옛날에 좋은
사이였다고 해도 그것을 의뢰해서는 안 된다."

"영하판관(감영 아래에 속하는 판관, 판관은 관찰부, 유수영과 주요 주부에 배치했던 지방 장관의 속관.)은 상영(감영·우수영의 상관)에게 마땅히 삼가 공손하게 예를 극진히 할 것이며, 소홀함이 있어서는 안 된다."

판관은 병영이나 감영에 소속되어 있는 것임에도 불구하고 상영을 무시하고 몸을 굽혀 섬기기를 싫어하며, 일을 만들어서 상영과 다투기를 좋아하는 경향이 있는데 이것은 올바른 태도가 아니다. 상영이 잘못할 경우에는 따지고 다툴 것이나 기본적으로 삼가 공손하게 하관으로서의 예의를 지켜야 한다.

"상관이 아전이나 군교를 잡아다 추문·치죄할 때에는 비록 일이 사리에 어긋나는 것일지라도 순종함이 있을 뿐 어기지 않는 것이 좋다."

상관이 본읍의 아전과 군교를 잡아다가 다스릴 때에는 비록 그러한 처사가 이치에 맞지 않는 것일지라도 그의 하관된 목민관으로서는 어디까지나 이에 순종해야 한다. 그러나 없는 죄를 무리하게 추궁할 경우 간곡히 진술한 의견서 등을 첨부해 원만한 해결 방법을 찾아야 한다.

　"잘못은 목민관에게 있는데 상관이 그로하여금 밑의
아전과 군교를 치죄(죄를 다스림)하라고 하면 마땅히 사
건을 다른 목민관에게 맡겨 치죄토록 청해야 한다."

　아랫사람의 잘못은 목민관 자신에게 있는데 그 잘못을 자신이 다
스린다면 공정을 기하기 어렵다. 설령 공정하다 해도 의심받기 쉽
다. 따라서 자신에게 잘못이 있다면 이웃의 목민관에게 그 사건을
맡아 달라고 하는 것이 옳다.

　"마치 상관의 명령이 공법(나라의 조직이나 나라간 또는
나라와 개인간의 관계를 규정하는 법률)에 어긋나고 민생에
해를 끼치는 것이라면 응당 의연히 굴하지 말며 자신 스
스로 확실하게 지켜야 한다."

"예는 공손하지 않으면 안 되고 의는 깨끗하지 않으면 안 된다. 그러므로 이 두 가지가 온전하면 온화하고 도에 맞을 것이니 이를 일러 군자라고 한다."

예와 의를 온전히 하는 온화한 태도로 도리에 어긋남이 없도록 해 나가되, 언제나 벼슬을 버린다는 각오 아래 할 일을 소신껏 하는 의연함이 보여야 비로소 목민관이라 할 수 있다.

"이웃 고을과 서로 화목하게 예로써 접촉하면 허물이 적을 것이요, 이웃 고을의 목민관과는 형제와 같은 우의가 있는 것이니 그쪽에게 비록 실수가 있더라도 서로 같은 실수를 해서는 안 된다."

이웃 고을의 백성도 같은 땅에서 사는 한 형제인데 외면하고 자기 고을만을 소중히 여길 수는 없는 노릇이다. 설령 다투는 일이 생기더라도 이웃 목민관과는 형제의 우의가 있는 것이니, 비록 실수가 있더라도 이해를 구하고 협조하여 같이 잘 살 수 있도록 힘써야 한다.

"교승(교대해서 받음. 전임자와 후임자가 서로 교체하는 일.) 할 때에는 동료로서의 우의가 있으니 후임자에게 미움받을 일을 전임자가 하지 않아야 원망이 적을 것이다."

전·후임이 인수 인계를 해서 교대하게 되면 이는 동료로서의 우의를 맺게 되는 것이다. 그러니 전임자는 후임자에게 부담을 남기지 않도록 힘써야 하고 후임자는 전임자를 비난해서도 안 된다.

"전임자에게 흠이 있으면 덮어서 드러나지 않도록 하고, 죄가 있으면 고쳐서 죄가 되지 않도록 해야 한다."

만일 전임자가 공금이나 환곡을 부정으로 출납했다면 그것을 들추기 보다는 일정 기간을 두어 변상(남에게 입힌 손해를 돈이나 물건 따위로 물어줌)하게 하고, 변상하지 않을 경우에는 상관과 논의해서 처리해야 한다.

"무릇 정사의 관대함과 가혹함, 정치상의 명령이나 법령은 득실에 있어 이어받기도 하고 서로 바꿔 그 잘못된 점을 해결해 나가야 할 것이다."

문서 작성에 관하여

"공적인 문서는 마땅히 면밀하게 생각하여 직접 자신이 작성해야 하며 아전의 손에 맡겨서는 안 된다."

공적인 문서가 관례에 따른 것이라면 아전에게 맡겨도 무방하나 중요한 문서는 관속들의 농간을 방지하고 공무의 공정한 집행을 위해 목민관 자신이 직접 작성해야 한다.

"기본적으로 격식이 있는 문구는 경서(유교의 가르침을 적은 책)와 사기(역사적 사실을 적은 책)의 글과는 다르기 때문에 서생(세상일에 어두운 선비)이 처음 오게 되면 당혹해 하는 일이 많다."

대체로 상관에게 보내는 공문서는 관례상 서목이 있다. 서목이란 원장의 개요를 적은 것이다. 감사의 결재는 서목에 하며 원장은 증거로 남겨 둔다. 원장에 서명과 수결(자기 이름이나 직함 아래에 도장 대신 쓰던 일정한 자형)을 동시에 하는데, 서목에는 서명만 하고 수결은 하지 않는다. 처음 벼슬자리에 나온 사람은 마땅히 이를 알아야 한다.

"조세를 바치던 문서, 인적 자원이나 송사에 관한 명을 받들어 보내는 문서, 조정에서 공표하는 문서, 공문 수령 문서 등은 아전이 스스로 전례에 따라 작성할 것이니 그들에게 맡기는 것이 좋다."

"폐단을 서술하는 문서, 청구하는 문서, 상부의 청을 거절하는 문서, 송사를 변론하는 문서 등은 반드시 문장에 조리가 있어야 하고, 성의가 있으면서도 진심이 담겨야만 비로소 사람의 마음을 움직일 수 있다."

지방의 병폐를 고쳐야 할 경우에는 반드시 간결하면서도 논리있게 문서를 작성해야 한다. 다시 말해 식량을 요청한다든지, 재정을 요청한다든지, 부세의 삭감이나 연기 또는 면제를 요청할 때에는 조목조목 밝혀야 납득이 갈 것이다.

"인명에 관한 문서는 마땅히 지우고 고치는 것을 잘 생각해야 하며, 도둑의 옥사에 관한 문서는 봉하는 것을 비밀스럽게 해야 한다."

옥사의 인명에 관한 문서는 고치기를 신중히 하여 아전들이 손을 댈 수 없게 하고, 문서 발송일에는 형리를 불러 후일 문서에 손을 댄 흔적이 있으면 엄히 처벌할 것을 명백히 밝혀야 한다.

"농사에 대한 형편 보고와 비에 대한 보고는 급한 경우와 급하지 않은 경우가 있는데 그 기한을 지켜야 탈이 없을 것이다."

가뭄 끝에 비가 내리면 그 보고는 시각을 다투어 보고해야 할 일이지만, 농사에 관한 보고는 관례에 따라 5일이나 10일마다 하기 때문에 감영으로부터 먼 변방은 이웃 고을을 통해 보고해도 무방

할 것이다.

"관리의 행적을 보고하는 것은 마땅히 그 잘못된 관
례를 바로잡는 것이고, 곡식의 작황(농작물에 있어 잘 되고
못 된 상황)을 등급으로 나누어 보고하는 것은 마땅히 농
간의 구멍을 살피기 위한 것이다."

환곡(고을 창고에 저장해 두었다가, 백성에게 꾸어 주고 가을에 이자를 붙여 받
아들이던 곡식)의 마감 보고는 지출과 수입을 곡식의 숫자로 나열해
회계(나가고 들어온 것을 따져서 셈함. 또는 그 사무.)한 것이다. 이것을 따
져 정확하지 않으면 마땅히 그 서식을 바로잡아 보는 이로 하여금
의혹을 품지 않게 해야 한다.

"수가 많은 것은 마땅히 장부에 나열하고 수가 적은 것
은 깨끗하게 정리하여 끝에 덧붙여 기록하면 될 것이다."

장부와 덧붙인 기록 등은 아전들이 관례에 따라서 할 것이니 생
각할 필요가 없다. 오직 처음부터 낱개의 숫자가 헷갈리고 복잡한

경우, 장부를 따로 만들면 명확해질 것이다.

"월말의 보고 문서로써 생략해도 좋은 것은 상관과
상의해서 없애도록 하는 것이 좋다."

불필요한 월말 보고는 관아의 사무를 번잡하게 할 뿐이니 생략하
여 사무의 간소화를 꾀하는 것이 좋다. 이때 생략 여부는 상관과
의논해서 결정해야 한다.

"병마 · 수군 · 진영으로 보내는 보고서, 각 도에 보내
는 보고서, 서울에 있는 상급 관아로 보내는(조세) 보고
서, 사관(왕의 언행과 정치 및 백관의 행적 등을 기록하고 맡아
보던 관아)에 보내는 보고서 등은 모두 관례를 따르는 것
이니 마음쓸 것이 없다."

"이웃 고을에 보내는 문서는 마땅히 그 응대를 잘해 흠이 생기지 않도록 해야 할 것이다."

옛사람이 말하기를 이웃과는 사이좋게 지내라고 했다. 서로 양보하기를 싫어하고 힘을 앞세우면 반드시 분란이 생기니, 공경하는 마음으로 예의를 갖추어 이해를 도모하면 자연스레 공감대가 형성될 것이다.

"보고서가 지체되면 상관의 독촉과 문책을 받게 되는데 이것은 공무를 수행하는 자로서의 도리가 아니다."

모든 문서는 기한을 지켜 늦어지는 일이 없어야 한다. 그렇지 않고 지체된다면 상관의 독촉과 문책을 받게 될 뿐만 아니라 나라에 봉직하는 자로서 도리에 어긋나는 것이다.

문서를 담당하는 아전이 발송 예산으로 쓰는 쌀을 탕진하게 되면 문서를 한꺼번에 모아 두었다가 발송하거나 이웃 고을에 문서를 맡기게 되므로 문서의 지체는 불보듯 뻔하다. 따라서 문서의 지체를 막는 방법은 오직 확인뿐이 없다.

"무릇 위아래로 보낸 모든 문서는 마땅히 목록을 붙여서 책으로 만들어 두고 참고와 검열에 대비할 것이며, 그 기한이 정해진 문서는 따로 떼어 소책자로 만들어야 할 것이다."

모든 문서는 쓰임에 따라 분류하고 책으로 만들어 훗날의 고증이나 검열에 대비토록 할 것이나, 기한이 정해진 문서는 따로 떼어 소책자로 만드는 것이 편리하다.

"변방 관문의 자물쇠를 맡은 자가 직접 장계(왕명이나 감사의 명을 받아 지방으로 출장을 간 관원이 서면으로 보고하는 것)를 올릴 경우에는 마땅히 더 격식과 관례를 분명히 익혀 진실하면서도 조심성 있게 보고해야 한다."

임금이나 감사에게 보고하는 글은 상소문의 투로 쓰지 않고 안건을 사리에 맞게 논해야 한다. 대체로 장계의 문체는 표현이 명백하고 간결하며, 정연하고 막힘이 없어야 바람직하다.

공물을 바치는 것에 관하여

"재물은 백성에게 나오며 이것을 받아들여 바치는 자는 목민관이다. 아전의 농간을 잘 살핀다면 비록 관대해도 해가 될 것이 없지만, 아전의 농간을 살필 줄 모르면 아무리 급하게 굴어도 이익됨이 없을 것이다."

백성은 속미(좁쌀)와 사미(쌀)를 내서 그 임금을 섬기는 것이 자기의 본분이라 생각하므로 이유 없이 바치기를 거부하는 자는 없다. 또한 용납될 수도 없고 사리에 맞지도 않는 행위이다. 그런데 우둔한 관리가 백성들의 처지를 잊고 독촉만 하니 원성이 높아질 수 뿐이 없다. 이에 현명한 목민관이라면 기한을 너그럽게 유도하여 상하 모두에게 원망을 사는 일이 없도록 해야 한다.

"쌀로 내는 전조와 무명으로 내는 전포는 국가 재정에 급히 쓰이므로 마땅히 필요하다. 넉넉한 민가를 먼저 징수하고 아전이 횡령하는 것을 막아야만 상납 기한에 맞출 수 있다."

국가의 재정이 날로 줄고 매년 재정을 걱정하는 처지에서 넉넉한 민가와 기름진 토지는 모두 아전의 농간에 놀아나니 세수가 줄어들 수 뿐이 없다. 따라서 넉넉한 민가를 먼저 징수해야만 수납 기한을 맞출 수 있고 또한 아전의 농간도 막을 수 있다.

"병역 의무자가 병역 대신 내는 돈(군전)이나 포목(군포)은 서울의 군영에서 항시 독촉하는 것이다. 그 중첩되는 징수를 살피고 퇴짜맞는 것을 금해야만 원망을 없앨 수 있는 것이다.

조세로 바치는 물건 중에는 돈이 가장 폐단이 없고 쌀도 또한 살피기가 쉬우나 면포(무명: 목화를 가공해서 만듦) · 마포(삼베: 삼의 줄기 껍질을 가공해서 만듦)는 거칠고 고운 것이 다양하고 값도 제각각이므로 아전들의 농간질이 쉽다. 그것은 물건을 판별하는 기준이나 치수의 표준이 없기 때문인데 목민관은 이를 잘 살펴야 원망하는 일이 없을 것이다.

"공물이나 토산물은 상부에서 배정하는 것인데 그 옛 것의 표준을 고쳐 새롭게 요구하는 것을 막아야만 폐단이 없어질 것이다."

"잡세와 잡물은 가난한 백성들이 심히 고통으로 여기는 것이다. 따라서 쉽게 얻을 수 있는 것을 판별하여 있는 것은 보내고 없는 것은 거절해야 허물이 없을 것이다."

"상관이 이치에 맞지 않는 일을 강제로 군현(군과 읍)에 배정한다면 목민관은 마땅히 이익과 손해를 따져 봉행(웃어른이 시키는 일을 삼가 거행함)하지 않도록 해야 한다."

아무리 상관의 명령이라 해도 백성들이 공납(백성이 지방에서 나는 특산물을 현물로 조정에 바치던 일)하기 어려운 것, 혹은 불공평한 부역을 시킨다거나 못쓸 물건을 강매하는 등 이치에 맞지 않아 따를 수 없는 것들이 있다면 이때 상관의 명령이라 해도 어쩔 수 없다. 마땅히 벼슬자리에서 쫓겨난다 하더라도 일의 이치를 따져 소신껏 진술해야 한다.

"정당한 조세와 공물(세금으로 바치던 지방의 특산물) 이외에 상관이 진기한 물품을 바치라고 요구하면 그것을 그대로 받아들여서는 안 된다."

"내수사(궁중의 쌀·포목·잡화·노비 등을 관리하던 곳)와 여러 궁방에 상납(조세 등을 바치던 일)하는 기일을 어기면 이것 또한 앞으로 정치에 큰 빌미가 되니 소홀히 해서는 안 된다."

출장에 관하여

"상관이 출장을 명령하면 마땅히 받들어 따라야 한

다. 일이 있다거나 병을 핑계삼아 스스로 편하기를 꾀하는 것은 군자의 도리가 아니다."

상관이 나에게 출장을 보내려 할 때에는 이를 따라 직무를 수행해야 한다. 만일 자신이 핑계를 대어 빠졌을 경우 그 임무는 딴사람에게 돌아가게 되니 자신의 편안을 위해 그 임무를 맡지 않는 것은 목민관으로서 할 일이 못 된다.

"무릇 출장 명령에는 마땅히 성심껏 부여된 직책을 이행해야 하고 구차하게 하루의 책임을 메꿔서는 안 된다."

출장을 가게 되면 마땅히 성의를 다해 임무를 수행해야 한다.

"상관이 봉해진 공문서를 가지고 서울로 가라 할 때에는 이것을 사양해서는 안 된다."

중대한 일이 있어 잠시도 고을을 비울 수가 없을 때에는 마땅히 그 상황을 보고하여 관대히 면제해 줄 것을 진정해야 한다.

"종묘의 제사에 향관(제사를 받드는 관원)으로 차출되면 마땅히 그곳에서 밤을 지내며 이를 행해야 할 것이다."

"시원(고시를 맡아보던 관청)의 경관(서울에 있던 각 관아의 관원 및 요긴한 지역을 맡아 다스리던 정·종이품의 특수 외관원)과 함께 고시관으로 차출되어 과장에 나가게 되면 마땅히 공정한 마음을 가질 것이며, 만약 경관이 사사로운 행동을 하려 하면 마땅히 옳지 않음을 고집해야 할 것이다."

시험관이 되면 누구나 자기 고을 유생들과 연관지어 부정한 일을 도모하려 하는데 이때 관련된 몇 사람은 은혜를 입어 좋겠지만 그 반면에 여러 도의 많은 유생들에게 원성을 사게 된다. 그러니 현명한 자는 그런 일을 도모해서는 안 된다.

"사람의 생명과 관계되는 옥사(죄인을 가두어 두는 건물)의 검시관이 되기를 피하는 경우, 국가가 그것을 다스리는 일정한 법률이 있으므로 이를 범해서는 안 될 것이다."

"형벌을 심문하는 관원이 편한 대로 취조하고 거짓으로 문서를 꾸며 상관에게 보고하는 일은 옛 도리가 아니다."

옛날에는 죄인을 판결하고 형을 집행하는 데에 있어 감히 해를 넘기는 일이 없었다. 하지만 지금은 모든 일이 해이해져 해를 넘기기 일쑤이고 이웃 고을 목민관과 심문하는 법도 폐지되었다. 따라서 한 번 심문한 후에는 한 달에 세 번 상관에게 형식적으로 문서를 꾸며 보고하고 상관도 이를 용인하니 이것이 어찌 법을 만든 취지겠는가.

"목민관이 조운(배로 물건을 실어 나르는 일)에 있어서 수효의 차를 감독하기 위해 조창(조운할 곡식을 쌓아 두던 곳집)으로 나아가 그 잡비를 줄이고, 무법이 침범하는 것을 금지하면 칭송하는 소리가 길거리에 가득할 것이다."

조창에서 물건을 실어 나르는 배가 출발하려 할 때, 갑자기 배를 억류하고 호송한다는 빌미로 키와 노를 빼앗고 며칠씩이나 배를 붙잡아 두는데 장삿배 한 척이 이를 면하려면 바치는 뇌물이 적지 않다. 따라서 목민관은 이런 일들을 마땅히 살펴 금해야 한다.

"물건을 실어 나르는 배가 자기 경내에서 침몰하면 그 증미(물에서 건져낸 젖은 쌀) 한 쇄미(물에서 건져 말린 쌀)를 마땅히 불에서 구해 내듯이 해야 한다."

"칙사의 영송(오는 이를 맞이하고 가는 이를 전송함. 송영.)에 파견되어 호행(보호하여 따라감)하게 되면 마땅히 정성을 다하고 공손히 해서 일이 생기지 않도록 해야 할 것이다."

"혹여 풍랑으로 표류한 배에 대해서는 정상(어떤 결과에 이르기까지의 사정)을 물어서 기민하게 행동을 취하며

어려움이 있더라도 지체하지 말고 시각을 다투어 나가
야 한다."

표류 선박의 내부를 조사함에 있어서 유의해야 할 점 다섯 가지

첫째, 외국 사람에게 예의를 지켜야 한다.

둘째, 표류 선박 안의 문서는 모두 베껴서 보고해야 한다. 단 서적류는 그 책의 명칭과 권수 등을 적어야 한다.

셋째, 실정 조사는 섬에서 하게 되는데 이때 아전과 관노들이 여러 가지 핑계로 재물을 빼앗는 예가 있다. 그러니 목민관은 그런 일이 일어나지 않도록 해야 한다.

넷째, 외국의 배는 그 체제가 기술적으로 앞선다. 따라서 배의 구조 · 배의 크기 · 배의 폭 · 사용한 목재 · 운항법 · 속력 · 기타 장치와 기계 등에 관련된 것은 상세히 기록해야 한다.

다섯째, 외국인에게 마땅히 인자한 표정과 동정하는 빛을 보여야 하며, 음식 · 의복 등 필요한 것은 정성껏 마련하여 그들이 돌아간 후에도 좋은 기억으로 남을 수 있게 해야 한다.

백성을 사랑하기 위한 **6**가지

노인을 보살피는 것에 관하여

"양로의 예를 없애면 백성들은 효를 베풀지 않게 될 것이니 목민관이 된 자는 이 예를 행하지 않으면 안 된다."

노인을 받들어 모시는 예를 행하는 것(예기에 이르기를 봄에는 고아들을 위한 잔치를 베풀고 가을에는 노인들을 먹인다.)이 백성들에게 효도를 권장하는 방법이 되므로 목민관은 예에 대한 정성을 게을리 해서는 안 된다.

"재력이 줄어드는 시기에 거행하는 것이므로 범위를 넓혀서는 안 된다. 마땅히 80세 이상을 뽑는 것이 마땅하다."

"양로의 예에는 반드시 말을 걸어 괴로움을 묻고 질병에 대해 묻는 것이 예이다."

"예법에 의하되 그 절차는 간략하게 하고 향교에서 거행하도록 한다."

"옛날의 훌륭한 사람들은 이것을 닦아 시행하고 이미 흔한 예를 이루었으니 마치 후세에 아름다움을 전했다."

옛날의 훌륭한 사람들은 양로의 예를 정성껏 실천하여 백성들에게 어버이에 대한 효도와 형제간 우애의 도를 권장했으니 그것이 관례가 되어 오늘에 이르렀다. 이 양로의 예는 사회 정화에 기여한 바 실로 클 뿐더러 그 아름다움이 후세에 기리 빛날 것이다.

"한 해의 마지막 날 밤(섣달 그믐. 세제. 제석. 제야.) 이틀 전에 60세 이상의 노인(기로)들에게 음식을 돌려야 한다."

묵은 해를 보내는 뜻깊은 한 해의 마지막 날 밤 이틀 전에 60세 이상 노인들에게 음식을 차려 보내도록 권해야 할 것이다. 이때 각

각 쌀 한 말, 쇠고기 두 근, 그리고 예단과 문안 편지를 함께 보내는 것이 좋다.

어린이를 사랑하는 것에 관하여

"어린이를 사랑하는 것은 선왕들의 큰 정사이니 역대의 임금들이 지켜서 법령으로 삼고 있다."

"백성이 가난하고 궁하면 자식을 낳아도 거두지 못하니, 거두어 가르치고 길러서 내 자식처럼 보호해야 할 것이다."

사람이 극도로 어렵게 되면 출산을 해도 버리게 된다. 목민관은 마땅히 거두고 길러 내 자식처럼 보호해야 한다.

"흉년이 든 해에는 자기 아이를 물건 버리듯 하니, 거두어 주고 길러서 백성의 부모 같이 해야 할 것이다."

"옛날의 어진 목민관들은 이러한 어린이를 사랑하고 도우며 보살피는 정책에 마음을 다하지 않은 자가 없었다."

옛날의 임몽득도 평창에 있을 때 버려진 아이를 구제할 방법을 고민하던 중 수천 장의 공명장(공명첩: 관직명과 성명을 적지 않은 사령장. 명예직의 증서로 이용되었음)을 만들어 집집마다 돌렸으며, 어린이를 양육한 자에게는 상장과 곡식을 나누어 주었다.

"우리 나라 법에도 거두어 기른 아이를 자식으로 삼거나 노비로 삼는 조례(법령의 범위 안에서 제정하는 규정)가 상세하고 치밀하다."

나라에서도 중앙과 지방에 조례를 만들어 어린이의 구제를 위해 지속적으로 노력해 왔으며, '국조보감(조선 역대 임금의 치적에서 모범이 될 만한 일들을 실록에 근거하여 엮은 역사책)'등에 그 실례들이 나와 있다.

"만일 흉년이 아닌 해에 아이를 버리는 자가 있으면
백성들 중에서 자식처럼 기를 사람을 구해 주고 관에서
그 식량을 보조하여야 한다."

의지할 곳이 없는 자의 구제 방안에 관하여

"홀아비·과부·고아·늙어서 자식이 없는 사람을
사궁이라 하는데 이들은 어려워 스스로 일어서지 못하
고 다른 사람의 힘을 빌어야만 일어설 수 있다."

목민관으로서 사궁을 선별하는 데에는 세 가지가 있다.

첫째 나이,

둘째 친족,

셋째 재물이다.

이 세 가지 중에서 하나라도 해당되지 않으면 정말 돌아갈 곳이 없는 어려운 사람들이다. 따라서 이들을 우선적으로 구제해야 한다는 것이다. 옛날 주나라의 문왕은 어진 정치를 펴는 데에 있어서 반드시 사궁을 먼저 걱정했다.

"결혼해야 할 나이가 지났는데도 시집 · 장가를 못 간 자는 마땅히 관아에서 결혼시켜 주어야 한다."

집안이 가난하여 남녀가 혼기(예전에는 남자 30세, 여자 20세가 마지막 한계 연령)를 놓쳤을 때에는 관에서 결혼 비용을 대주고 결혼을 시키는 것이 목민관으로서 해야 할 일이다.

"결혼을 권장하는 정책은 우리 나라 역대 임금이 남긴 법이니 목민관이 된 자는 마땅히 법을 따라야 한다."

'경국대전에 이르기를, 선비 집안의 딸로서 나이가 30세에 가깝도록 가난해서 시집을 가지 못한 자는 예조에서 임금께 아뢰어 혼수를 지급해 주고 가장(집안의 어른)은 중벌에 처한다.' 하였다.

"해마다 초봄이 되면 결혼하기에 적당한 나이가 되도록 결혼을 못한 자를 가려내어 봄이 한창인 때(중춘: 음력 2월의 딴 이름)에 결혼을 시키도록 한다."

해마다 초봄이면 25세 이상의 남자와 20세 이상의 여자들을 대상으로 부모나 친척이 재산을 가지고 있으면 결혼을 독려하고, 친척도 없고 재산도 없는 자는 고을의 덕있는 사람으로 하여금 중매를 하게 하되 관아에서 약간의 돈과 포목(베와 무명)을 주어 돕는다.

"독신으로 있는 사람들을 짝지어 주는 정사(행정에 관한 일)도 또한 행해야 할 일이다."

불우한 홀아비와 과부를 중매하여 서로 짝지어 주는 것 또한 선정(바르고 좋은 정치)이다.

장례에 관하여

"상중(상을 당하고부터 장례를 치를 때까지의 동안)에 요역

(부역: 백성들에게 일정한 구실을 대신에 시키던 강제 노동)을 면제해 주는 것은 옛날의 법이다. 자신의 힘으로 할 수 있는 것은 모두 면제해 주는 것이 좋다."

일정한 법을 만들어 부모상을 당한 모든 자들에게 백 일 이내에는 일체의 부역을 면제하는 것이 좋다. 이것은 옛부터 전해 오는 좋은 일이다.

"백성 중에는 지극히 가난해서 죽어도 염(염습: 죽은 이의 몸을 씻은 다음에 수의를 입히고 염포로 묶는 일)하지 못하고 개천이나 구렁(땅이 움쑥하게 팬 곳)에 버리는 자가 있으면 관아에서 돈을 주어 장례를 치르도록 해야 한다."

평소 관내 여러 고을에 영을 내려서 사람이 죽었는데도 가난하여 장례를 치르지 못하는 자가 있으면 관에 즉시 보고하게 한다. 그리고 이런 보고를 접하면 지체없이 장례 조치를 취해야 한다. 시경에도 '길을 가다가 죽은 자가 있으면 묻어 주어야 한다.'라는 말이 있다.

"혹, 흉년과 전염병으로 사망자가 속출할 경우에는 그 시체를 거두어 묻는 일과 진휼(관에서 흉년에 곤궁한 백성을 구원하여 도와주던 일)을 병행해야 한다."

큰 흉년이 들어 굶주리는 상태에 있거나 전염병이 유행하게 되면 사망자가 계속해서 생기게 된다. 이런 때에는 그 시체를 거두어 묻는 것도 게을리 할 수 없는 일이니 구제 정책과 함께 추진해야 한다.

속대전에도 말하기를 '서울과 지방에 전염병이 퍼져 온 집안이 죽으면 조정(나라)에서 구제하여 장례식을 거행해야 한다.'라는 말이 있다.

"혹, 비참한 일이 눈에 띄어 측은한 마음에 견딜 수가 없거든 마땅히 곧 구휼을 하고 법을 거듭해서 헤아리지 말 것이다."

"혹, 먼 지방의 객지에서 벼슬살이를 하던 사람의 관이 고을을 지나게 되면 그 운구를 도와주고 비용을 보조하여 진심이 두텁도록 힘써야 한다."

타지에서 벼슬살이를 하다 죽은 자의 장례 행렬이 고을을 지나면 일꾼을 시켜 운구를 도와주고 돈을 내어 최대한 성의를 보여야 한다.

"향승(목민관의 보좌역)이나, 이교(아전과 군교)가 상을 당했거나 본인이 죽었을 때에는 마땅히 부의(죽은 사람의 집에 부조로 돈이나 물건을 보냄)와 조문(슬퍼하는 뜻을 드러내며 상주를 위문함)을 하여 은혜로운 마음이 남도록 해야 할 것이다."

옛날에 신하가 죽으면 임금이 직접 가서 상주를 위로하고 장례식에 돈이나 물건을 보내 주었다. 그 일로 미루어 목민관이 된 자는 마땅히 그와 같이 해야 할 것이다.

병자를 너그럽게 대하는 것에 관하여

"고질병에 걸린 자에게는 몸으로 하는 일(부역)을 면제해 주어야 하는데 이를 관질(병자를 너그럽게 대하는 것)이라 한다."

"병신이거나 몸이 약해 자기 힘으로 먹을 수 없는 자는 의지할 곳과 살아갈 길을 마련해 주어야 한다."

앞을 못보는 장님이나 듣지 못하는 귀머거리, 절름발이, 손발 병신, 문둥이 등은 누구나 기피하고 더구나 가족마저 없어 떠돌아다니니 참으로 불쌍하다. 그러니 혈육이나 관이 나서서 정착하도록 도와야 한다.

"군졸 가운데 병에 약하여 춥고 배고픈 것을 이기지 못하는 자는 옷과 음식을 넉넉하게 주어 죽음을 면하게 해야 한다."

몸이 쇠약해졌거나 병에 걸린 군졸이 있을 때에는 그 병이 춥고 굶주린 데서 온 것이라면 먹을 것을 넉넉하게 주어 이를 구호해야 한다.

"염병이(전염병)이 유행을 하면 어리석게도 풍습에 의해 꺼리는 경우가 많다. 어루만지고 치료해 주어 두려움을 갖지 않도록 해야 할 것이다."

"염병(전염병: 장티푸스를 흔히 이르는 말), 마마(천연두), 홍역이 퍼지면 여러 백성들이 질병으로 죽고 요절(젊어서 일찍 죽음)하는 등의 천재(자연 현상으로 일어나는 재난)가 유행하는데 마땅히 관에서 구제하고 도와야 할 것이다."

염병과 같은 유행병이 돌면 사람들은 우선 두려워하고 기피하기 때문에 혼란을 수습하기가 어렵다. 이때 목민관은 마땅히 병을 고치는데 정성을 다해야 한다는 것이다. 경국대전에 보면, '환자가 어

려워서 약을 살 수 없을 때에는 관아에서 약을 나누어 주어야 한
다.'고 명시되어 있다.

"병이 유행하면 죽는 자가 지나치게 많아지므로 이를
구호하여 치료해 주고 매장해 준 사람에게는 마땅히 상
을 내리도록 규정에 의해 요청해야 한다."

관아에 협력하여 많은 환자를 살려내고 죽은 자를 매장했다면 그
것은 나라에 공로가 크다 할 수 있다. 마땅히 나라에 보고하여 임
금이 상을 내려 보답하게 하면, 이 또한 백성들에게 선을 권장하는
방법이 된다.

"근래에 유행했던 돌림병(유행병)에는 연경(중국 북경
의 옛이름)으로부터 들어온 새로운 처방이 있다."

재난을 구제하는 것에 관하여

"수해나 화재에 대해서는 나라에 구제법(휼전)이 있으니 삼가 행할 것이지만 일정한 법이 없는 것은 마땅히 목민관 스스로 구제해야 한다."

수해나 화재 등이 있을 때, 나라에 구제법이 있기는 하나 자기 고을의 재해에는 나라의 법으로 부족한 점이 있다. 그러니 달리 대책을 세워 이재민 구제에 힘써야 한다.

"무릇 재난과 액운(재난을 당할 운수)이 있으면 불에 타고 물에 빠진 것을 구해 내는 데에 있어 마치 자신이 불에 타고 자신이 물에 빠진 것처럼 늦추어서는 안 된다."

목민관은 곧 그 고을의 어른이라 할 수 있으니 재난과 액운을 당했을 때에는 마치 자신이 불에 타고 물에 빠진 것처럼 급히 서둘러 구제해야 한다.

"환난(근심과 재난)이 있을 것을 미리 생각하고 사전에 예방하는 것은 이미 재난이 일어난 뒤에 은혜를 베푸는 것보다 낫다."

모든 재해에는 예고가 없으므로 사전에 예방하는 것이 최선이며 현명한 일이다. 맑은 날에 둑을 쌓아 제방을 튼튼히 한다면 물난리에 걱정을 덜 수 있고, 평상시에 방화 시설을 마련한다면 화재의 위험으로부터 걱정을 덜게 될 것이다. 따라서 예방하는 것은 이미 재난이 생긴 뒤에 선심을 쓰는 것보다 낫다.

"만일 장정들이 둑을 쌓고 방죽을 만들면 수재(큰물로 입은 재해)를 막을 수 있으므로 물은 사람에게 다같이 유익하다. 그러니 두 가지 이익이 되는 법이다."

제방을 쌓으면 수해를 막을 수도 있고 물을 이용할 수도 있으니 목민관은 이 방면에 힘을 기울여야 한다.

"그 재해가 이미 제거되었으면 백성들을 어루만져 주고 편안히 모여 살게 해야 하니 이 또한 백성의 목민관으로서 어질게 다스리는 일이다."

　"황충(날아다니는 메뚜기. 누리.)이 날아서 하늘을 덮으면 물러가도록 푸닥거리(신에게 비는 것)도 하고 잡아 없애면 백성들에게 재앙을 덜어 주는 것이 되니 이 역시 어질다는 말을 듣게 될 것이다."

　해충에 의한 농작물의 피해는 무시할 수 없다. 따라서 목민관은 신에게 빌기도 하고 백성들을 시켜 박멸에 온 힘을 기울여야 한다.

정사를 돌보는 법 6가지

아전을 단속하는 것에 관하여

"아전을 단속하는 근본은 자기 몸을 다스리는 데에 있다. 그 몸이 바르면 명령하지 않아도 행하여질 것이고 그 몸이 바르지 못하면 비록 명령을 해도 행하지 않을 것이다."

백성을 괴롭히고 못살게 구는 온갖 폐단은 간사하고 악랄한 아전들의 농간에서 생긴다. 그러므로 아전을 잘 단속해야만 고을을 잘 다스릴 수 있다. 아전을 잘 단속하려면 목민관 스스로 솔선수범하여 공명 정대하고도 청렴 결백해야 한다.

"예를 갖추고 은혜로써 대한 연후에 법으로 단속해야 한다. 만약 그들을 업신여기고, 짓밟고, 학대하고, 혹사하고, 앞뒤 순서도 없이 꾸짖는다면 단속을 받아들이지 않을 것이다."

목민관이 예로써 아전들을 대한다면 아전들도 역시 그렇게 대할 것이다. 목민관이 은혜로 대하면 그들은 목민관에게 고마움을 표

할 것이며 스스로 명령에 복종할 것이다.

"윗자리에 있으면서 너그럽지 못한 것을 성인은 경계하였다. 너그러우면서도 해이하지 않고 어질면서도 나약하지 않으면 역시 일을 그르치는 바가 없을 것이다."

"이끌어 주고 붙들어 주며 가르치고 깨우쳐 준다면 그도 역시 인성이 있으니 바로잡지 않을 자가 없을 것이다. 그러니 먼저 위엄을 부려서는 안 된다."

"이끌어 주어도 깨우치지 못하고 가르쳐도 고치지 못하며, 마침내 속이기를 일삼아 악한 일의 주모자가 되거나 범한 자는 형벌로써 다스려야 한다."

아무리 교활한 아전일지라도 사람의 기본적인 성품은 있는 것이니 잘 가르쳐 바로잡아야 할 것이다. 만일 달래고 가르쳐도 깨달아 고치지 못한다면 엄벌로 다스려야 한다.

　"목민관이 좋아하는 바를 아전이 알면 영합하지 않을 것이 없다. 내가 재물을 좋아하는 줄 알면 반드시 유리하게 나를 유혹할 것이다. 그러므로 한 번 유혹을 당하면 곧 함께 빠지게 된다."

　"목민관의 성품이 한쪽으로 치우치면 아전들은 그 틈을 엿보다가 흘러들어 농간을 부리게 되니, 이를 바로잡다 떨어져 무너지는 것이다."

　"알지 못하면서도 아는 체하여 남의 요구에 흘러가는 물처럼 하면 목민관의 자리가 아전들의 농간에 무너지게 된다."
　목민관이 모르는 것을 수치라 생각하여 묻지도 않은 채 쉽게 도장을 찍으면 간악한 아전들의 농간에 의해 타락한다.

"아전들이 구걸하는 것을 백성들은 괴로워한다. 금지
하고 단속하여 제멋대로 악한 짓을 못하게 해야 한다."

　비리로 쫓겨난 아전들이 마을을 돌면서 돈과 곡식을 구걸하는데
반드시 목민관은 그런 일이 있기 전에 먼저 알고 경계해야 한다. 그
리고 그런 일이 벌어지면 곧 중벌로 다스려야 한다.

"아전의 수가 적으면 곧 한가로이 지내는 자가 적고
가혹하게 거두어들이는 일이 심하지 않을 것이다."

　중앙은 아전의 수가 정해져 있지만 지방은 정해진 규정이 전혀
없다. 따라서 큰 고을은 수백 명씩 되고 작은 고을이라도 20명쯤
되니 이들은 떼를 지어 간악한 짓을 일삼기 마련이다. 그러니 아전
의 수는 적은 것이 바람직하다.

"지금의 향리(한 고을에서 대를 이어 내려오던 아전)들은 재상과 교분을 맺고 감독 관청과 내통한다. 그러니 위로는 관장(고을 원을 높이어 일컫던 말)을 가볍게 여기고 아래로는 백성을 괴롭힌다. 이런 자들에게 굽히지 않는다면 그는 훌륭한 목민관이다."

　지금의 향리들 중에는 서울의 재상과 교분을 맺거나 감사와 내통한다. 그리고 그 세력을 배경으로 백성들의 재물을 착취하는데, 이런 자들을 법에 따라 처벌하는 자야말로 진정 훌륭한 목민관이라 할 수 있다.

"수리(수석 아전)는 권한이 막중하니 치우치게 맡겨도 안 되며 자주 불러서도 안 된다. 죄가 있으면 반드시 처벌하여 백성들로 하여금 의혹이 없도록 해야 한다."

어리석은 목민관은 수석 아전에게 여러 사무를 맡기고 처리한다. 그렇게 되면 그에게 권력이 생겨 각종 비리를 저지르게 된다. 이때 목민관이 하나를 먹으면 아전은 그것의 백 배를 먹게 되니 목민관은 한 푼이라도 먹어서는 안 된다. 또한 비리가 생기면 한 점 의혹없이 죄를 물어 반드시 처벌해야 한다.

"이속(아전)의 무리가 찾아올 때(참알: 해마다 6월과 섣달에 벼슬아치의 성적을 상고하여 평정할 때, 각 관아의 벼슬아치들이 자기의 책임 장관을 뵙던 일.)에 백포의대(하얀 베로 만든 옷과 허리에 두르는 띠) 차림을 금해야 한다."

아래 아전들이 찾아올 때에 목민관은 조관(벼슬아치가 예복과 함께 쓰던 관)을 착용하나 아전들은 백포의대 차림을 할 수 없다. 다만 상중에 있는 자가 명령을 받고 공무차 오는 경우에만 허용할 수 있다.

"아전의 무리가 모여 연회를 열고 즐기는 것은 백성들의 마음에 상처를 주는 것이니 엄하게 금지하고 거듭 경계하여 감히 유흥에 빠지는 일이 없도록 해야 한다."

백성들은 진탕(썩 만족스럽고 흐뭇하게. 싫증이 날 만큼 넉넉하게.) 노는 아전을 미워한다. 이때 아전들은 즐겁겠지만 목민관은 원망을 듣게 마련이니 마땅히 엄금해야 한다.

"아전들이 관아에서 매질하는 것은 마땅히 엄금해야 한다."

매질(태형: 매로 볼기를 치던 형벌)은 나라의 형벌이다. 감히 아전이 백성에게 사사로이 매질을 해서는 안 된다.

"상관은 부임한 지 여러 달이 되면 아래 아전들의 이력표를 작성하여 책상 위에 놓아두어야 한다."

이력표는 아전의 성명, 취임 연월일, 아전으로서의 사무 담당 및 경력을 기록한 것이다. 이 이력표는 사람을 쓰는 데에 있어서 기회 균등의 자료로 쓰면 정책에 도움이 된다.

"아전이 농간을 부리는 데에는 문서를 기록하는 자(서기)가 주모자가 된다. 아전의 농간을 막으려면 문서 기록자를 두렵게 만들어야 하고, 아전의 농간을 적발하려면 문서 기록자의 행실을 캐물어야 한다. 문서를 기록하는 자는 역시 서기이기 때문이다."

서기는 출납을 기록하기 때문에 창고의 곡식이나 조세에 관하여 얼마큼 어떻게 빼돌려지고 착복(남의 돈이나 물건을 몰래 자기가 차지함)되는 지를 알고 있다. 따라서 목민관은 서기의 행실을 추궁하면 아전들의 비리를 적발할 수 있다.

많은 무리를 다스리는 것에 관하여

"부하를 다스리는 방법은 위엄(의젓하고 엄숙함)과 신망(믿음과 덕망)뿐이다. 위엄은 청렴함에서 생겨나고 신망은 진심에서 나오는 것이니, 진심이 있고도 능히 청렴해야 많은 사람을 복종시킬 수 있는 것이다."

"군교들은 무인으로 거칠고 거드럭거리는 무리이다. 그들의 횡포를 방지하는 일은 마땅히 엄중하게 해야 한다."

군교들은 대부분 배우지 못한 자로 남을 때리거나 빼앗는 것을 당연하게 생각한다. 목민관은 그들의 이와 같은 횡포를 막는 한편으로 엄중하게 처벌해야 한다.

"문졸(사령: 관아에서 심부름하던 사람)이란 옛날 천한 하인으로서 관속 중에서 가장 가르침을 따르지 않는 자들이다."

문졸(일수. 사령. 나장.)은 본래 근거지가 없는 떠돌이들이다. 혹은 광대 출신이기도 하고 혹은 전에 동굴 속에 살던 거지들로 가장 미천하고도 교화시키기 어려운 자들이다.

"관노가 농간을 부리는 것은 오직 창고에 있다. 거기에는 아전이 있으니 그 피해가 심하지 않다면 사랑으로 어루만져 주되 이따금 그 함부로 함을 막아야 한다."

"시동(목민관 곁에서 잔심부름을 하는 아전)은 어리고 약한 자이니 목민관은 마땅히 어루만져 길러야 하고 죄가 있을 때에는 마땅히 가장 가볍게 할 것이나 이미 그의 골격이 성장한 자는 아전과 같이 단속해야 할 것이다."

시동이란 목민관 곁에 있으면서 잔심부름을 하는 관속의 하나이다. 내부에서 일어나는 일을 외부로 전하기도 하고 인장을 보관하고 있기 때문에 인장을 슬쩍 사용해 농간을 부리기도 한다. 나이가 어리다면 처음부터 큰 죄를 범할 수 없는 것이니 혹 잘못이 있더라도 가벼운 벌로 다스려야 한다. 그러나 골격이 성인 같으면 일반 아전들과 마찬가지로 엄하게 다스려야 한다.

사람을 쓰는 것에 관하여

"나라를 잘 다스리는 일은 사람을 쓰는 데 달렸다. 군현은 비록 작기는 하나 그런 사람을 써야 하는 것은 다를 것이 없다."

무슨 일을 할 때에는 사람을 잘 쓰는 것이 무엇보다 중요한 문제이다. 나라를 다스리거나 고을을 다스림에 있어서도 마찬가지이다.

"향승이란 자는 현령(현의 수령)**을 보좌하는 것이다. 반드시 한 고을 안에서 선한 자를 가려 그 직책을 맡겨야 할 것이다."**

향승이란 목민관의 보좌역인데 유향소(군현의 목민관을 보좌하던 자문 기관. 향소. 향청.)의 간부직으로 좌수와 좌우별감을 뜻하는 것이며, 매우 중요한 직책의 하나이다. 그러니 유능한 인재를 가려 그 자리에 앉혀야 한다.

"좌수는 향청의 우두머리이다. 진실로 마땅한 사람을 얻지 못한다면 모든 일이 잘 다스려지지 않을 것이다."

임지에 부임한 지 한 달이 지난 후로 좌수를 그대로 둘 것인지 두지 않을 것인지를 살핀다. 그리고 유향소의 자문을 받아 바꾸는 것이 좋다.

"좌우별감은 수석의 다음 자리이다. 마땅한 자를 얻어 정사에 관한 의견을 교환하고 심의해야 한다."

"적어도 사람을 구하지 못하면 자리나 갖추어 둘 뿐

이지 그들에게 여러 가지 정사를 맡겨서는 안 된다."

"아첨을 잘하는 자는 충성스럽지 못하고 간하기(임금
이나 윗사람에게 옳지 못한 일을 고치도록 말함)를 좋아하는
자는 배반하지 않으니, 이 점을 살피면 실수하는 일이 적
을 것이다."

"풍헌(면이나 리의 일을 맡아보던 향소의 한 직책)이나 약
정은 모두 향승이 추천하는 것이니 적임자가 아니라면
임명장을 도로 회수해야 한다."

풍헌과 약정을 임명하는 과정에서 뇌물을 바치는 자는 반드시 간
악한 자들이니 멀리해야 한다. 매번 그들을 임명함에 있어 목민관
은 성의를 다해 임명할 것이며, 만약 적임자가 없을 시에는 임명장
을 회수해야 한다.

"군관과 장수으로서 무반에 서는 자는 모두 굳세고 용맹하니 외부의 침입을 막을 만한 기색이 있으면 더 좋을 것이다."

"기본적으로 비장(감사·유수·병사·수사 등을 수행하던 무관. 막비. 막료.)이 있는 자의 경우에는 마땅히 인재를 조심하여 고르되, 충성과 신의를 우선으로 삼고 재주는 그 다음이어야 할 것이다."

군관이나 장수는 무반에 속하는 자로 위급한 사태를 능히 감당할 수 있어야 한다. 그러므로 비장(감사·유수·병사·수사 등을 수행하던 무관. 막비. 막료.)을 거느리는 목민관도 그 인선을 신중하게 해야 할 것이니 인선의 첫째 조건은 재주나 지혜보다 충성과 신의가 우선이다.

현명한 자를 추천하는 것에 관하여

"어진 사람을 천거(인재를 어떤 자리에 쓰도록 추천함)하는 일은 목민관의 직분이다. 비록 옛날과 지금의 제도가 다르다고는 하나 어진 자의 천거를 잊어서는 안 된다."

"학문과 행실이 탁월하고 행정 능력을 갖춘 인재의 천거는 나라에서 정한 법이 있으니 한 고을의 잘하는 자를 덮어두어서는 안 된다."

나라에는 매년 인재를 추천받아 쓰는 제도가 있는데 당파 싸움으로 인하여 자기네 당이 아니면 뽑아 쓰지 않았다. 그렇다 해도 한 고을의 인재를 덮어두는 것보다 추천하는 쪽이 훨씬 낫다.

"과거라는 것은 과목을 천거(인재를 어떤 자리에 쓰도록 추천함)하는 것이다. 지금은 그 법이 비록 잘못된 것이라 할지라도 그 폐단이 극에 다다르면 반드시 변할 것이다.

그러니 사람을 천거하는 일은 목민관으로서 당연히 힘
써야 할 일이다."

"중국의 과거법은 매우 상세하고 치밀하다. 그것을
본받아 행하는 데에 있어 그 천거하는 일은 목민관의 직
무인 것이다."

"과거에 목민관이 해마다 학문과 덕행이 있는 자를
천거하는 것이 비록 국법은 아니지만 마땅히 문학에 능
한 선비를 추천장에 기록해야 할 것이로되 불가한 것은
아니다."

"관내에 오르지 학문과 덕행을 닦는 선비가 있으면
응당 몸소 찾아가 보고 계절 따라 방문하여 예를 다해야
한다."

관내에 학문이 깊고 덕행을 쌓는 어진 선비가 있다면 찾아가 보고 명절 때에는 예물을 보내 공경을 표해야 한다. 이것이 곧 선을 실천하는 길이다.

물정을 살피는 것에 관하여

"목민관은 한자리에 홀로 떨어져 있으니 밖은 모두 다 속이려는 자들뿐이다. 사방으로 눈을 밝게 하며(널리 살핌), 사방으로 소리를 들을 수 있게 하는 일(백성의 소리를 듣는 일)이 오직 제왕의 일만은 아니다."

"투서함(항통: 백성들의 억울한 사정이나 아전들의 비행을 고발하는 투서함)의 법은 백성들로 하여금 걸음을 무겁게 하고 서로 눈치를 살피게 하는 것이니 결코 행해서는 안 된다. 함정을 파놓고 질문(구거)하는 일 또한 속임수에 가까운 것이니 군자로서 행할 바가 아니다."

투서함에 백성들로 하여금 관속들의 부정이나 자신의 억울한 일을 관아에 고발하게 하면 관속이나 토호들의 농간을 어느 정도는 막을 수 있고 또한 행정에 큰 도움이 될 것이다. 그러나 그 전례로 보아 아전과 백성, 호족과 호족들 사이에 고발이 빈번하니 이는 불화를 조장하는 꼴이 된다. 그러므로 투서함의 설치는 바람직하지 못하다.

"맹월(봄·여름·가을·겨울의 음력 첫달〈정월·사월·칠월·시월〉을 이르는 말)의 첫달 첫째 날에는 향교에 서면으로 통지하여 백성들의 질병과 고통을 묻고 각기 이로운 것과 해로운 것을 지적하여 진술토록 해야 한다."

목민관은 해마다 첫달의 첫째 날 향교로 통첩(서면으로 통지함)을 보내 지난 한 해 동안 실시한 시책을 열거한다. 그리고 거기에 따른 아전의 농간이나 폐단 등을 면밀히 조사하게 하여 향교의 장의로 하여금 보고서를 제출토록 해야 한다.

"자제(남의 자식을 높여 이르는 말)나 친분이 있는 사람 가운데 그 마음가짐이 상서롭고 품행이 바르며, 한결같이 알아서 일을 능히 할 수 있는 자가 있다면 마땅히 민간의 일을 몰래 살피도록 하는 것이 좋다."

"수리(아전의 우두머리)의 막중한 권한으로 실정을 막고 덮어 모르게 하니 따로 몰래 물어 보지 않을 수 없다."

수리는 아전의 우두머리로 아전 중에 가장 권한이 크고 농간을 많이 부리는 관속이다. 대부분 그를 따르는 자들이기 때문에 목민관으로서는 그의 비행을 알 길이 없다. 그러기에 수리의 비행을 조사하는 일은 따로 방법을 강구할 수밖에 없다.

"무릇 미미한 과실이나 조그만 흠은 마땅히 덮어두어야지 샅샅이 밝혀내는 것은 밝은 것이 아니다. 이따금 농간을 적발함에 있어 불가사의한 단서가 있어야 백성들은 비로소 두려워할 것이다."

한 고을의 장이 된 자가 아전이나 백성들의 자잘한 과실에 죄를 묻는 것은 현명하지 못한 행동이다. 이따금 예상치 못한 증거로 죄를 물으면 변명할 여지가 없기 때문에 사소한 잘못을 저지른 자도 크게 반성할 것이다.

"좌우 가까이에 있는 사람들의 말을 그대로 믿어서는 안 된다. 비록 쓸데없이 지나가는 말 같지만 모두 사사로운 뜻이 있는 것이다."

목민관의 주변에는 온갖 잔꾀를 부리는 자들이 있다. 통인(목민관 밑에서 잔심부름을 하던 사람. 토인.)에서 기녀에 이르기까지 그들의 주고받는 말 속에는 사사스러운 뜻이 있게 마련이므로 곧이곧대로 믿어서는 안 된다.

"미행은 물정을 살피기에 부족하고 한갓 체면(체모)만을 손상시키게 되는 것이니 할 것이 못된다."

"감사가 염문(무엇을 탐지하기 위해 몰래 물어 봄)할 경우 벼슬아치인 아전과 서리를 시켜서는 안 된다."

감사가 염문할 경우에는 친분이 있으면서도 사심이 없는 자로 하여금 몰래 마을을 순행해야만 백성의 숨은 고통을 알고 목민관의 허물을 파악할 수 있다. 그런데 감영의 아전이나 서리들을 심복으로 삼아 염문을 하면 각 고을의 교활한 아전들과 내통하여 정사를 그르치게 된다.

"무릇 행대(수령을 감찰하는 관원. 감사나 어사.)로 물정을 살피는 데에는 오직 한나라 자사(중국의 벼슬 이름. 우리 나라의 감사와 같음.) 육조의 물음이 백성을 다스리는데 최상의 방법일 것이다."

1조. 토호 세력이 농지와 집을 제도보다 넘치게 가지고 약한 자에게 횡포를 부리지는 않는가?

2조. 군수의 품계를 가진 자(녹봉 2천 석)가 조서를 받들지 않고 사사로이 부정을 꾀하여 백성들에게 재산을 빼앗는 경우가 있지는 않는가?

3조. 군수의 품계를 가진 자(녹봉 2천 석)가 의혹이 있는 송사를 멋대로 처리하고 기분이 내키는 대로 상을 주기도 하며, 혹은 못살게 굴어 백성의 증오 대상이 되고 있지는 않는가?

4조. 군수의 품계를 가진 자(녹봉 2천 석)가 사람 쓰기를 멋대로 하고 어진 자의 임용을 막으며, 부정한 자를 총애하는 일이 있지는 않는가?

5조. 군수의 품계를 가진 자(녹봉 2천 석)의 자식들이 세력을 믿고 각 직무 담당자들에게 청탁하는 일이 있지는 않는가?

6조. 군수의 품계를 가진 자(녹봉 2천 석)가 공도(사회 일반에게 통용되는 바른 도리)를 어겨 가면서 아랫사람과 함께 간악한 짓을 일삼고, 토착 세력에 아부하거나 뇌물을 받고 일을 봐주는 등 정치상의 명령이나 법령을 훼손하는 일이 있지는 않는가?

공적을 평가하는 것에 관하여

"벼슬아치가 한 일은 반드시 그 공적을 따져 우열을 정해야 한다. 공적을 따져 우열을 정하지 않는다면 백성들은 본받는 바가 없어 따르지 않을 것이다."

　일반적으로 사람을 다루는 방법은 상을 주거나 벌을 주는 일이다. 따라서 공이 있는 데도 상이 없다면 백성들이 힘써 일하지 않고 죄가 있는 데도 벌하지 않으면 백성들이 멋대로 행동하기 때문에 모든 기강은 무너질 것이다.

　"국법에 없는 것을 혼자서 행할 수는 없으나 그 공과를 기록했다가 연말에 공을 고과(근무 성적을 자세히 따져 우열을 정하는 것)하고 의논한다면 오히려 그만두는 것보다 나을 것이다."

　목민관은 마땅히 기록부를 만들어 벼슬아치들의 공과를 기록하고 죄가 있을 때에는 즉시 죄를 묻고 공적이 있으면 연말에 가서 고과를 하면, 관속들의 해이한 정신을 바로잡아 선을 행하는 데 도움이 될 것이다.

　"임기를 6년으로 끊어서 하되 목민관이 앞서 오래 재

임하게 된 뒤라야 공적에 대한 평가를 논할 수 있을 것이다. 만일 그렇지 못하다면 오직 상과 벌을 밝혀 백성으로 하여금 명령을 믿도록 할 따름이다."

요즘은 목민관이 채 2년을 넘기지도 못하는 상황에서 무슨 계획을 세우거나 무슨 평가를 한다는 말인가. 그러므로 오직 평가는 신상필벌('상을 줄 만한 사람에게는 꼭 상을 주고, 벌을 줄 만한 사람에게는 꼭 벌을 준다.'는 뜻으로 상벌을 규정대로 분명하게 함.)로 백성들에게 믿음을 갖게 할 수뿐이 없다.

"감사가 수령의 성적을 고과(근무 성적을 자세히 따져 우열을 정하는 것)하는 것은 법에 따라 의논할 수 있다. 너무 세세하지 못하고 엉성해서 실효를 거두기 어려우면 임금께 아뢰어 그 방식을 고치도록 하는 것이 아마도 마땅할 것이다."

세원에 대한 규정 6가지

농지 정책에 관하여

"목민관의 직무는 54조 가운데 농지 정책이 가장 어려운데 그것은 우리 나라의 농지법이 본래 잘 되어 있지 않기 때문이다."

우리 나라의 농지법은 중국이 면적을 단위로 하는데 비해 소출(수확량)을 기준으로 하기 때문에 농지의 비옥한 정도를 따지기가 어렵다. 그러므로 목민관이 행하는 직무 중에 가장 어려운 것이다.

"농지의 형태는 천 가지 만 가지로 다르며 정사각형의 밭인 방전 · 직사각형의 밭인 직전 · 이등변 삼각형 모양의 밭인 규전 · 직각 삼각형의 밭인 구전 · 사다리꼴 모양의 밭인 제전 등은 대강만을 열거한 것이다. 그러니 이것을 표준으로 해서 산정할 수는 없다."

"요즘 농지 계산법에는 정사각형의 밭인 방전 · 직사각

형의 밭인 직전·직각 삼각형의 밭인 구전·사다리꼴 모양의
밭인 제전·이등변 삼각형 모양의 밭인 규전·베틀에 있는
북 모양의 밭인 사전·사람의 허리처럼 가운데가 잘록한 모양
의 밭인 요고전 등 여러 가지 명칭이 있는데 그것을 추산
하여 측량하는 방식은 이미 쓸모없는 법이 되어 다른 농
지에 통용할 수 없다."

　농지의 면적을 산출하는 방법에는 여러 가지 형태가 있는데 그
수확량을 기준으로 하는 관점에서 측량하는 방법이 서로 다르므
로 실제로 적용하기엔 쓸모가 없다.

　"논밭의 측량을 개량하는 것은 중대한 정책이니 묵은
것을 조사하고 숨은 것을 밝혀내여 그때의 것으로 따르
되 제대로 안 될 때에는 힘써 고쳐야 한다. 그러나 큰 해
가 없는 것이라면 모두 예전 것을 따르고 피해가 너무
심한 것만을 바로잡아 본래의 액수를 채워 주어야 한
다."

　현재의 농지 제도는 잘못되어 있으니 면적을 기준으로 하는 농지

제도로 바꿔도 측량 방법이 아직도 합리적이지 못해 다시 수확량을 기준으로 돌아가는 식이 되어 버렸다. 그러므로 부득이한 경우에 한하여 새로 측량을 실시하도록 하되, 크게 변동이 없을 경우에는 예전 것대로 따르고 크게 변동이 있을 경우에는 그것만을 바로잡도록 해야 한다.

"개량의 조례(농지 개량에 관한 규정)는 매번 조정에서 반포하는 바이니 그중 중요한 것은 모름지기 약속한 것을 거듭 밝혀야 한다."

"농지를 측량하는 법은 아래로 백성을 해치지 않고 위로 나라에 손해를 끼치지 않도록 오직 공평하게 해야 하는데 먼저 적임자를 얻어야만 논의할 수 있다."

농지를 새로이 측량할 경우에는 백성들에게 피해를 주지 않으면서도 나라에 손실이 없도록 공정을 기해야 하기 때문에 미리 면밀한 계획을 세워 놓고 유능한 인재로 하여금 이것을 체계적으로 진행시켜야 한다.

"경기 지역의 농지가 비록 척박(매마름)하다고는 하나 본래 가볍게 정했고 남쪽 지방의 농지가 비록 비옥하다고는 하나 본래 무겁게 정한 것이니, 무릇 그 부속(수확할 때의 단위)은 예전대로 따라야 한다."

"오직 오래 묵혀 거칠어진 밭(진전)이 아주 묵게 되는 것은 그 세액의 과중함이 분명하니 강등하지 않을 수 없다."

밭이 오래 묵은 데에는 여러 가지 이유가 있겠지만 만일 세금의 부담이 과중한데 그 원인이 있다면 세금을 가볍게 해주므로써 경작을 권장하는 효과가 있다.

"오래 묵혀 거칠어진 밭(진전)의 등급을 낮추면 자호

(토지 번호)가 변경되므로 장차 백성의 송사(소송하는 일)가 많아질 것이다. 그러니 무릇 그 자호(토지 번호)가 변경된 것은 증명서(전패: 토지의 소유권을 보장해 주는 관청의 증명서)를 발급하여야 한다."

묵은 밭의 등급을 낮추는 데에 있어 폐단을 막으려면 증명서를 발급해야 문제가 없다.

"농지를 측량하는 법은 '어린도'로써 방전(정사각형의 밭)을 만드는 것보다 더 좋은 것은 없으나 모름지기 조정의 명령이 있어야 행할 수 있는 것이다."

중국의 송·명 시대에는 '어린도책'이라 해서 토지 대장에 농지를 물고기 비늘 모양으로 그려서 표시한 것인데 농지를 측량할 때에는 이 법을 따르는 것이 좋다. 그러나 한 고을의 목민관이 이 법을 시행하려면 조정의 명령이 있어야만 가능하다.

어린도책
조세 징수의 기초 자료로 삼고자 작성한 토지 대장. 물고기의 비늘처럼 생겼다 해서 붙여진 이름.

"오래 묵혀 거칠어진 밭(진전)을 조사하는 것은 농지 정책의 큰 조목이다. 오래 묵혀 거칠어진 밭(진전)에 세를 부과하면 원망이 많은 것이니 오래 묵혀 거칠어진 밭(진전)을 조사하지 않을 수 없다."

오래 묵혀 거칠어진 밭의 조사를 게을리 하면 아전들이 농간을 부려 은결(토지 대장에 올리지 않은 농지)이 생기게 된다. 그렇게 되면 나라의 재정에 영향을 주는 것은 물론 백성들의 원성을 사기 때문에 그런 조사는 해마다 하지 않으면 안 된다.

"오래 묵혀 거칠어진 밭을 개간함에 있어서 백성들의 힘만 믿어서는 안 된다. 목민관는 마땅히 정성껏 경작하기를 권장하고 또한 힘을 써서 도와야 한다."

옛날의 훌륭한 목민관은 반드시 소를 빌려 주고 식량을 지원하여 백성들에게 묵은 농지의 개간을 권장하였다.

"토지 대장에 올리지 않고 땅 주인이나 경작자나 관

리들이 숨겨 놓고 경작을 하면서 세금을 착복하는 은결·토지 대장에 없고 토지 조사 때 실제의 땅보다 적게 기입하여 차액을 착복하는 여결이 달마다 해마다 늘어나고, 각 궁에 땅을 하사하여 경비로 충당하게 하는 궁결이나 지방 관청의 경비나 군량을 충당하게 하는 둔결도 달마다 해마다 늘어나 국가의 세수인 근원적인 땅이 달마다 해마다 줄어들고 있으니 이를 장차 어찌할 것인가."

은결·여결 등 탈세 행위가 날로 늘어나고 궁의 땅과 지방 관청의 땅이 해마다 늘어나니 국가의 세수가 날로 줄어들고 있음을 지적한 후, 나라의 앞날을 걱정해서 하는 말이다.

세법에 관하여

"농지 제도가 이미 그러하니 세법 또한 문란하다. 농작물의 작황에 따라 손실을 보고 콩(황두: 누른빛이 나는 콩의 한 가지)의 수납에서 손실을 보니 나라의 세수가 얼마되지 않는다."

농지의 단위가 수확량을 기준으로 하기 때문에 부과하는 과정에서 결국 혼란이 생겨 나라에 손실이 온다. 또한 밭에 대한 세금도 콩으로 내는 것이 원칙인데, 콩대신 콩 두 말에 쌀 한 말을 적용시키니 세수에 큰 문제가 생기지 않을 수 없다.

"재해로 인한 농지나 흉년으로 인해 입은 농지의 조사는 농지를 관리하는 말단의 임무이다. 큰 근본이 이미 난잡해져서 앞뒤의 체계가 모두 문란하다. 그러니 비록 마음과 힘을 다했다 하더라도 만족스럽지 못하다."

목민관이 조세를 감면해 주기는 하나 조사를 하는 것이 말단인 아전들의 일이므로 그리 쉬운 일은 아니다. 돈을 받고 부잣집의 풍작된 농지를 거짓 재해지로 보고한다. 그리고 그 세를 가난한 백성들에게 전가하니 목민관 혼자만의 힘으로는 어쩔 수 없는 노릇이다. 그렇기 때문에 평소 엄격한 규율로 그들을 단속하면 농간은 현저히 줄어든다.

"재해 조사 아전(서원)이 재해 조사를 위하여 들에 나 갈 때에는 면전에 불러놓고 온화한 말로 타이르고 위엄 있는 말로 두려움을 느낄 수 있게 정성을 다한다. 그리 하면 진실로 측은함을 느껴 감동시키는 바 유익함이 없 지 않을 것이다."

아전(서원)이 재해를 조사하러 들로 나갈 때에는 인자하면서도 엄 격하게 공정한 조사를 당부한다. 이때 농간이 있으면 엄중히 처벌 하겠다는 식의 겁을 주어서 그들이 양심껏 조사에 임할 수 있도록 조치를 한다.

"큰 가뭄이 든 해에는 아직도 모내기를 하지 못한 논 을 답사해야 하는데 마땅히 사람을 가려서 그 일을 맡겨 야 한다."

큰 가뭄이 든 해에는 모내기를 못한 농지에 아전이나 향원인 관 속을 보내 답사를 하게 하는데, 부정이 생기기 쉬우니 따로 신망이 두텁고 청렴한 자를 추천받아 그 일을 맡기는 것이 바람직하다.

"그것을 상관에게 보고할 때에는 마땅히 실제 숫자대로 해야 하며 만일 삭감을 당하는 일이 있을 경우에는 인책(일어난 일에 대하여 스스로 책임을 짐)을 각오하고 반드시 다시 보고해야 한다."

재해 조사를 끝마친 무능한 관리는 흔히 깎일 것을 전제로 숫자를 늘려 상관에게 보고하는데 이것은 목민관으로서 할 일이 못된다. 그러니 있는 그대로를 보고하고 그것을 믿지 않는다면 책임을 지고 다시 보고해야 한다. 그리고 그 결과에 따라 자신의 거취를 결정해야 한다.

"흉년이 든 때에 조세를 감액(표재)하여 준다는 것 또한 어려운 일이다. 만약 인정받은 감세액이 고을에서 조사한 액수보다 적을 때에는 비례대로 평균하여 각각 얼마씩을 감하도록 해야 한다."

"흉년이 든 때에 조세를 감액해 주는 일이 끝나면 곧

세금을 쌀로 징수하는 자(작부)에게 명령하여 그들이 이사 오고 이사 가는 것을 일체 엄금하도록 한다. 그리고 세미(세금으로 내는 쌀) 징수 장부를 편리한 방법에 의해 따르도록 허락한다."

재해 감면이 타결되면 탈세 방지를 위해 작부(세금을 쌀로 징수하는 자)로 하여금 납세자들의 이동을 일체 금지하도록 한다. 만일 이것을 막지 못한다면 납세자의 행방을 알 수도 없거니와 그 틈을 노려 아전이 세미(세금으로 내는 쌀)를 착복하는 경우가 생긴다. 그러므로 작부가 세미를 징수하는 데에 있어서 혼선을 막으려면 장부 관리 또한 상황에 맞도록 허용해야 한다.

"간사한 아전이나 교활한 아전이 백성의 결세(토지의 넓이에 따라서 매기던 조세)를 몰래 취하고 요역(백성에게 일정한 구실 대신에 시키던 강제 노동)이 면제된 마을(제역촌)로 옮겨서 기록하는 것은 명백하게 조사하여 엄히 금해야 한다."

아전들이 백성들의 농지를 속여 세미를 착복하거나 농지를 매매

하기 위해 세금이 면제되는 곳으로 그들 자신도 모르게 위장 전입을 시킨다. 이처럼 아전의 간교한 짓을 막으려면 철저한 현장 조사뿐이 없다.

"장차 작부(세금을 쌀로 징수하는 자)를 구성하려고 할 때에는 먼저 넉넉한 집을 따로 골라 책자로 만들어서 국세를 충당하도록 한다."

작부(세금을 쌀로 징수하는 자)를 선정하기에 앞서 먼저 넉넉한 백성들을 조사하여 따로 장부를 만들고 세수(조세 징수에 의한 수입)가 부족할 경우에는 그들로 하여금 이를 충당하게 해야 한다.

"작부(세금을 쌀로 징수하는 자)의 장부에는 부과할 실제의 대상이 없는 거짓의 세액이 그 속에 뒤섞여 있으므로 조사하여 증거로 삼지 않으면 안 된다."

간악한 아전이 부과할 대상도 없는 거짓의 세액을 장부에 기록하고 처음에 정한 세액보다 더 늘리어 백성들의 세금을 착복하니 이것을 가려내어 증거로 삼아야 한다.

　"작부(세금을 쌀로 징수하는 자)를 이미 끝냈으면 곧 징수할 세와 부과할 세액을 명세표(계판)로 작성하고, 세액의 비율을 정했으면 세액에 대한 내용을 세밀하게 살펴 엄중히 밝혀야 한다."

　작부의 구성이 끝나면 곧 세율(세액의 비율)을 작성하게 되는데 그 내용을 분명하게 밝혀야 한다.

　"징수할 명세표가 이미 완성되었으면 조목조목 열거하여 책자를 만들고, 여러 마을에 나누어 주어서 훗날 참고로 삼게 해야 한다."

　백성들이 책자를 통해 세율을 받아 보면 내야 하는 세금의 명목을 상세히 알게 되니 반드시 세율을 널리 알려 훗날 참고 자료로 삼게 해야 한다.

"징수할 세와 부과할 세액을 정한 명세표 이외에도 전반적으로 농지에 부가되는 것은 아직도 많다."

　정해진 세금을 빼고도 이 밖에 부가되는 세(신관의 부임 여비 · 구관의 귀향 여비 · 신관 부임 때의 관아 수리비 등등)는 얼마든지 있다. 이처럼 여러 가지 명목으로 긁어가는 세금이 극에 달하니 어찌 백성들이 편하게 살 수 있겠는가.

　"그런 까닭에 선결(토지 대장에 기재된 이외의 전결 · 은결 · 여결 · 위결 따위)의 수를 정하지 않을 수 없다. 결총(논밭의 총 결수)이 이미 남으면 논밭에 대한 부세(전부)에 있어 다소 관대해도 좋을 것이다."

　목민관은 조세 목록 이외의 것을 정리하여 아전들의 무분별한 갈취를 막게 되면 백성들에게 끼치는 민폐를 덜어 세 부담이 줄어들 것이다.

　"정월에 창고를 열고 세미(세금으로 내는 쌀)를 수납하는 날에는 마땅히 목민관이 친히 나가서 받아야 한다."

한 해의 첫째 달(정월)에 목민관은 직접 창고로 나가 백성들의 세
미를 받아야 한다. 그렇지 않으면 수납하는 데에 있어 질서가 문란
해지고 수납을 받는 아전 또한 농간을 부린다.

"창고를 열려고 할 때에는 창고가 있는 마을에 방을
내걸어 잡것 들을 엄히 금해야 한다."

남사당패 · 기생 · 주모 · 광대 · 악사·초라니(하회 별신굿 탈놀이 따위
에 나오는, 언행이 가볍고 방정맞은 인물. 양반의 하인으로 대개 여자 복장을 하고 나
옴.) · 놀이꾼 · 백장(소나 돼지 따위를 잡는 일을 업으로 하던 사람. 백정.)등의
잡것 들이 접근하는데 여기에는 창리(창고를 관리하는 아전)들이 끼어
있다. 따라서 백성들이 여기에 유혹되면 돈을 낭비하게 마련이므로
사전에 이것을 막아야 한다.

"비록 백성들이 기한을 어겼다 하더라도 아전을 풀어
서 독촉한다면 이는 범을 양의 우리에 풀어넣는 것과 같

으니 반드시 해서는 안 된다."

　세미를 걷는 기한이 끝날 무렵 민가에 아전과 교졸을 풀어 민가를 수색하며 납세를 독촉하는데, 이런 일은 백성에게 고통을 주는 것이니 비록 기한을 어겼다 하더라도 목민관으로서 이런 일은 하지 말아야 한다.

　"물건을 실어 보내는 것과 배로 운송하는 것은 모름지기 모든 법조문을 상세히 검토하고 엄격하게 지켜서 범하지 않도록 해야 한다."

　물건을 실어 보내는 일과 배로 운송하는 일에는 법으로 엄격하게 규제하는 것이 있으니 법에 어긋남이 있어서는 안 된다.

　"궁전(각 궁에 딸렸던 논밭) · 둔전(군대 식량의 자급을 위하여 마련된 논밭)에 있어 그 껍질을 벗기는 것(백성의 재물을 빼앗는 일)이 심한 것은 살펴서 너그럽게 해주어야 한다."

백성의 재물을 빼앗는 탐관오리가 있으면 밝혀 내어 백성들의 고통을 덜어 주어야 한다.

"남쪽 지방과 북쪽 지방은 풍속이 달라서 종자와 세금을 혹 지주(논밭의 주인)가 부담하기도 하고, 혹 소작인(남의 논밭을 빌려 농사를 짓는 사람)이 부담하기도 한다. 목민관은 오직 풍속에 따라 다스려야 백성들의 원망을 사지 않을 것이다."

"서북 · 관동(대관령 동쪽의 지방, 곧 강원도 지방을 말함.) · 경기의 북쪽은 본래 농지 정책이 없는 것이니 오직 농지 대장을 살펴 전례에 따르면 되는 것으로 마음쓸 것이 없다."

서북이나 경기 북쪽·관동 지방의 관례에는 본래 재해에 감세가 없으니 관례대로 따르는 것이 좋다.

"화전(불을 질러 일군 땅)에 조세로 내는 곡식은 관례에 따라서 전체의 수량과 비교한다. 다만 큰 기근이 든 해에는 스스로 판단해서 감해 주고 크게 망가진 마을에도 마땅히 스스로 판단해서 감해 주어야 한다."

화전은 가파른 산비탈이나 높은 언덕을 일구어서 농사를 짓는 땅이니, 면적·밭의 이랑(갈아 놓은 논밭의 '한 두둑과 한 고랑'을 아울어 이르는 말) 수 등을 가지고 계산한다는 것도 그렇고 오직 관례에 따라 일정한 세액을 평균하여 징수하되 흉년에는 세금을 감면해 주어야 한다.

출납 곡식의 관리 장부에 관하여

"환상(정부의 곡식을 봄에 꾸어 주고 가을에 이자를 붙여 받아들이는 것)이란 사창(춘궁기 혹은 흉년이 들었을 때 빈민의 구제를 위해 각 고을에 설치한 창고)이 변한 것이다. 파는 것도 사들이는 것도 아니면서 백성의 뼈를 깎는 병폐로 되어 있으니 이러다간 백성이 죽고 나라가 망하게 될 것이다."

환상의 법을 만든 취지는 백성들의 식량 문제를 해결하고 거기서 생기는 이득으로 국가의 비용을 충당하려 한 것인데 어찌 위아래의 농간에 의해 백성들의 뼈를 깎는 무서운 병폐로 변했다. 그러니 이를 시정하지 않는다면 백성들이 죽어가고 나라가 망하는 결과를 초래하게 될 것이다.

"환상이 병폐가 되는 바 그 법이 본래 어지럽기 때문이다. 그 근본이 이미 어지러운데 어찌 그 말단이 다스려질 수 있겠는가."

"환상이 폐해를 초래하게 된 것은 그 법이 명확하지 못하고 구멍이 많아 농간을 부리기 쉽기 때문이다. 그러니 어찌 그것이 제대로 다스려지기를 기대할 수 있겠는가."

"상관이 곡식을 싼 곳에서 사들여 비싼 곳으로 옮겨다 팔아 크게 장사하는 길을 열고 있으니 수령이 법을 어기는 것은 더 말할 것도 못된다."

감사가 녹봉도 적지 않은데 자신의 사욕을 채우기 위해 각 고을의 곡물 시세를 목민관으로부터 보고받아 장사를 하는데 다른 사람이야 더 말할 것도 없다.

"목민관이 농간을 부려 그 남는 이익을 챙겨 먹으니 아전들의 간악한 짓은 더 말할 것도 없다."

법을 지켜야 할 목민관이 환상을 농간하여 많은 이익을 보니 아전들 역시도 간악한 짓을 통해 욕심을 채우는 것은 당연한 일이다.

"윗물이 이미 흐리니 아랫물이 어찌 맑을 수 있겠는가. 아전들의 간악한 방법은 갖추지 않은 것이 없으니 귀신 같은 농간을 밝혀낼 길이 없다."

윗물이 흐리면 아랫물이 맑지 못함은 당연한 이치다. 아전들의 농간이 천만 가지나 되니 제 아무리 현명한 목민관이라 해도 그 부정을 가려내기가 힘들다.

"폐단이 이에 이르면 목민관이 구제할 수 있는 일이 아니다. 오직 출납의 수량과 나누어 준 것과 남아 있는 것의 실수(실제의 수입이나 수확)를 목민관으로서 밝혀 낼 수만 있다면 아전들의 횡포가 덜 심할 것이다."

환곡(백성에게 봄에 꾸어 주고 가을에 이자를 붙여 받아들이던 곡식)의 폐해가 너무 깊어 목민관의 힘으로는 바로잡기 어렵다. 그러나 환곡의 출납을 정확하게 하면 아전들의 횡포는 줄어들 것이다.

"사계절 마감하여 초안을 돌리고 책자(결제 장부)를 만드는 것은 일에 이치를 소상히 알려고 하는 것이므로 아전들의 손에 맡겨서는 안 된다."

"흉년의 정퇴(기한을 뒤로 물림)에 따르는 혜택은 마땅히 모든 백성에게 베풀어야 할 것이며 포흠(관청의 물품을 사사로이 써 버림)하는 아전이 혼자 받게 해서는 안 된다."

흉년이 크게 들면 반드시 겨울에 정퇴(기한을 뒤로 물림)의 영이 있을 것이다. 그러니 목민관은 미리 계획했다가 포흠하는 아전의 농간을 막는 것은 물론 백성들에게 골고루 혜택이 돌아갈 수 있도록 해야 한다.

"무릇 단속을 간편하게 하는 법은 오직 경위표(세로·가로로 살필 수 있는 일람표. 일이 전개되어 온 과정을 기록한 문서.)를 작성해 눈앞에 늘어놓고 손바닥을 보듯하면 환하게 살필 수 있을 것이다."

경위표를 작성하면 각 관아의 일을 한눈에 볼 수 있어 소관별로 양곡의 수량과 출납의 현황을 파악할 수 있게 되므로 정확한 정책과 아전들의 농간을 막을 수 있다.

"양곡을 나누어 주는 날에는 응당 나누어 줄 것과 남아 있는 것은 마땅히 정밀하게 점검해야 할 것이다. 그리고 모름지기 경위표를 작성하여 분명하게 살필 수 있도록 해야 한다."

양곡의 출납에 관한 경위표를 만들면 나누어 줄 것과 남아 있는 것의 실제 재고를 속일 수는 없을 터이니, 정확하게 일을 할 수 있다.

"무릇 환상(정부의 곡식을 봄에 꾸어 주고 가을에 이자를 붙여 받아들이는 것)이라는 것은 잘 거두어 들인 후에야 분배도 잘 할 수 있는 것이다. 그러니 그 거두어 들이는 것을 잘하지 못하면 또 1년이 어지럽게 되어 구제할 방법이 없는 것이다."

"외진 곳이라서 창고가 없으면 목민관은 마땅히 5일에 한 번씩 나가서 친히 받을 것이며 만약 외진 곳에 창고가 있으면 창고를 여는 날만 친히 나가서 수납의 방식을 정해 주어야 한다."

　수납하는 날은 친히 나가서 곡식을 받거나 그 방식을 정해서 아
전들의 농간을 막아야 한다.

　"무릇 환상(정부의 곡식을 봄에 꾸어 주고 가을에 이자를 붙
여 받아들이는 것)이란 비록 몸소 받아들이지는 못한다 해
도 나누어 줄 때에는 반드시 몸소 나누어 주어야 한다.
그리고 한 되(1되: '말'의 10분의 1), 반 홉(1홉: 한 되의
10의 1)일지라도 일꾼(향승)을 시켜 대신 나누어 주게 해
서는 안 되며, 몇 번에 나누어 분배하라는 법에는 반드
시 구애받을 필요가 없다."

　환곡에 있어 수납은 목민관이 직접할 수 없다 해도 분배 만큼은
직접해야 한다. 분배를 잘하면 백성들에게 피해를 적게 줄 것이다.
하지만 순분법(몇 차례로 나누어 지급하는 법)이라 하여 한 사람에게 주
는 양곡을 몇 차례로 나누어 주는 것은 악법으로 백성의 소중한 시
간과 비용만 축날 뿐이다.

"무릇 한 번에 다 나누어 주고자 할 때에는 마땅히 상관에게 이 뜻을 먼저 보고해야 한다."

"수량이 과반이 넘었는데 갑자기 돈으로 따져서 받으라는 명령이 있다면 마땅히 이치를 따져서 방보(상관의 명령에 따를 수 없을 때에 이유를 적어 올리던 보고)하고 명령을 따르지 말아야 한다."

환곡을 반 이상 수납하였는데 갑자기 돈으로 수납하라는 명령이 내리면 백성들에게 있어 형평에 어긋날 것이다. 또 돈으로 환산하려면 이미 수납한 양곡을 다시 돈으로 만들기 위해 내다 팔거나 돌려주어야 하니 혼란과 부정은 불 보듯 뻔하다.

"재해가 든 해에 다른 곡식으로 대신 거둔 것은 따로 장부를 만들어 놓고 곧 본래의 곡식으로 돌릴 것이며 오래 그대로 두어서는 안 된다."

여러 곡식을 거두는 것은 근본적으로 혼돈이 생기니 장부를 따로 하는 것이 좋으며, 부득이한 경우가 아니라면 본래의 곡식으로 돌리되 빠르고 정확하게 처리해야 한다.

"산성에 두는 곡식은 백성의 고질적인 병이 되는 것이니, 그 백성들에게 다른 노역(의무적으로 하는 육체 노동)을 없애 백성의 역활을 고르게 해야 한다."

군량을 산성까지 실어나르는 것은 큰 노역이니 다른 노역을 면제하여 부담을 고르게 해야 한다.

"한두 사람의 사민(육예를 익힌 백성)이 사사롭게 창고의 쌀을 꾸는 일이 있다. 이것을 별환(특혜로 베푸는 환곡)이라고 하는데 이를 허락해서는 안 된다."

목민관의 명령을 따르지 않는 사대부가 이런 저런 이유를 들어 곡식을 꾸는데 목민관이 된 자는 이런 것을 용납하면 안 된다.

"연말 연시(세시)에 곡식을 나누어 주는 일은 오직 흉년이 들어 양식이 귀할 때에만 해야 한다."

섣달 그믐(음력으로 한 해의 마지막 날)이나 정월 대보름(음력으로 한 해의 첫째 달, 15일이 되는 날.)에 나누어 주는 곡식은 모두 번거로울 뿐이다. 따라서 흉년으로 양식이 부족할 때에만 나누어 주는 것이 바람직하다.

"혹 민가가 많지도 않은데 환곡(각 고을 창고에 저장하였다가, 봄에 꾸어 주고 가을에 이자를 붙여 받아들이던 곡식.)의 정해진 액수가 너무 넘치는 것은 청하여 감하도록 한다. 그리고 환곡의 정해진 액수가 너무 적어서 구제할 길이 없는 것은 청하여 이를 늘리도록 해야 한다."

"고을 밖의 창고에 저장하는 환곡은 마땅히 민가 수를 계산하여 읍내 창고의 저장량과 그 비율을 맞게 해야하며, 아래 아전에게 맡겨 그것을 마음대로 이리저리 옮기게 해서는 안 된다."

아전에게 창고의 곡식을 마음대로 옮기게 하면 농간과 옳지 않은
짓으로 남을 속이게 되므로 바람직하지 못하다.

"아전의 포흠(관청의 물건을 사사로이 쓰는 것)이 밝혀지
더라도 포흠에 대한 징발(강제적으로 거두어들임)이 너무
가혹해서는 안 된다. 마땅히 법처리는 준엄해야 하겠지
만 죄인을 생각해서 불쌍히 여겨야 한다."

함부로 관청의 물건을 쓴 자는 우선적으로 그의 재산인 논밭·소
와 말·의복·농기구 따위를 몰수한 후, 죄의 사안에 따라 벌금이
나 형량(형벌의 양)을 정해야 한다.

"혹 관재(관청의 재산)를 내어 포흠(관청의 물품을 사사
로이 써 버림)한 곡식을 갚기도 하고, 혹 상관인 감사와 의
논하여 포흠을 맡아 탕감해 주는 것이 곧 이전 사람들의
덕정(덕으로써 다스리는 정치)이니, 각박하게 거두어들이

는 것은 어진 사람이 즐겨 할 바는 아니다."

호적에 관하여

"호적은 모든 부세(세금을 매겨서 물림)의 원천이며 많은 부역(요역)의 근본이니 호적이 정비된 후라야 부세와 부역이 고르게 된다."

호적이 잘 정비되면 인구의 실제 상황을 정확하게 알 수 있다. 따라서 세금을 부과하거나 부역에 있어 공정을 기할 수 있다.

"호적의 문란으로 기강이 서지 않으면 큰 힘을 들이지 않는 한 치우침이 없이 공정하게 할 수 없다."

수십 년 이래로 기강이 무너져 아전의 횡포가 더할 수 없이 심하다. 호적이 허위와 가공(사실이 아니고 상상으로 지어 낸 일)으로 작성되다 보니 기강이 서지 않는 한 공정한 부세나 부역이 이루어질 수 없다.

"장차 호적을 정비하려거든 먼저 가좌부(호적상으로 집에 관련된 일체의 사항을 기록한 장부. 집의 위치와 크기, 집안의 신분, 가족 사항, 각종 세금의 내역이 자세히 기록됨.)를 살펴 허와 실을 자세히 안 후에야 증감을 행할 것이다. 그러므로 가좌부를 소홀히 해서는 안 된다."

"호적의 시기가 오면 이 가좌부(호적상의 집에 관련된 일체의 사항을 기록한 장부. 집의 위치와 크기, 집안의 신분, 가족 사항, 각종 세금의 내역이 자세히 기록됨.)를 근거로 해서 늘리거나 줄여 정리하고 여러 고을의 호구 수를 고루 균형되고 지극히 충실하게 하여 허위가 없도록 한다."

호적을 갱신할 때에 이르면 평소에 조사해 둔 가좌부를 토대로 정확하게 호적을 정비한 다음 이를 여러 고을에 알려 억울한 일이 생기지 않도록 한다.

"새 호적부가 이윽고 완성되면 곧 관청의 명령으로

모든 고을에 호구의 총수를 반포하고 엄숙히 금령(법령)을 세워 감히 번거롭게 하소연하는 일이 없도록 해야 한다."

"만일 민가가 줄어들어 일정한 수를 채울 수 없을 때에는 상관에게 보고하고, 큰 흉년이 들어 열 집에 아홉 집이 비게 되어 수를 채울 수 없을 때에도 상관에게 보고해서 그 수 만큼 적게 청해야 한다."

흉년으로 열 집 가운데 아홉 집이 비어 있는데도 장부상 수가 많고 실제 수가 적으면 과중한 부역(요역)이 따르게 되므로 이런 경우에는 사실대로 보고해서 민가의 총수를 줄여 달라고 해야 한다.

"만약 인구미(인두세: 호적부를 작성할 때 인구 수에 따라 백성으로부터 받는 쌀)라든지 정서조(호별세: 한 호당 얼마 가량의 벼를 거두는 것)와 같은 것은 그 옛 관례에 따라 백성으로부터 받아들이는 것이니 허락한다. 하지만 그 외의 가혹한 침해는 마땅히 엄금해야 한다."

지방의 예를 들면 쌀로 세를 낼 경우 인구 1인당 1되, 인정 과세
는 호당 2푼, 기본세는 호당 벼 1말씩을 받는다.

"나이를 늘리거나 줄인 자, 벼슬을 하지 못한 유생이
과거에 합격한 문서를 가지고 있다고 속인 자, 홀아비라
고 거짓으로 속인 자 등은 호적에 기록된 모든 사항을
함께 조사해 금지시켜야 한다."

개인의 명예나 이익을 꾀하기 위해 나이를 늘리거나 줄인 자, 과
거에 합격한 증서가 있다고 신고한 자 등은 조사를 통해 호적과 관
련된 사항을 삭제해야 한다.

"무릇 호적에 대한 사항으로써 순영(감영)의 전례에
관련된 것은 민간에 알려서는 안 된다."

호적에 관련된 처벌 조항은 법전에 자세히 기재되어 있는데 같은
죄라도 전례에 따라 어느 죄는 곤장 100대, 어느 죄는 형량 3년 등

으로 되어 있기 때문에 백성들이 알아서는 안 된다.

"호적은 나라의 큰 정책이니 매우 엄중하고 세부적이어야만 백성의 세금과 부역이 바르게 될 것이다. 이제 여기서 논할 것은 세속에 따르기 위한 것뿐이다."

"오가작통(숙종 원년에 다섯 민가를 묶어 한 통으로 정한 호적 제도)을 만들고 십가작패(10가구를 묶어서 하나의 호적으로 만듦. 명나라 왕양명이 창안한 호적 제도.)로 만들되 옛날 법을 기초로 하여 새로운 규약을 덧붙인다면 속임수가 통하지 않을 것이다."

세금의 공정성에 관하여

"부가되는 세금과 부역(요역)을 고르게 하는 것은 목

민관의 칠사(목민관의 7가지 임무: 누애를 치는 일, 호구 수를 늘리는 일, 학교를 흥하게 하는 일, 군사에 관한 일, 부역을 균등하게 하는 일, 송사에 관한 문제, 농간을 없애는 일.) 중 가장 중요한 임무이다. 무릇 공정치 못한 부과로 징수되어서는 안 된다. 조금이라도 공정치 못하면 정치가 아닌 것이다."

"농지를 기준으로 부과하는 세금 이외에 가장 큰 부담은 관청의 임시 비용으로 쓰기 위해 백성들로부터 곡식이나 돈을 거둬들이는 민간 창고(민고: 금품을 거두어들이는 자체를 총칭하여 이르는 말)이다. 혹은 농지를 기준으로 부과하거나 혹은 집을 기준으로 부과하는 비용의 범위가 날로 넓어지니 백성들은 살아나갈 수가 없다."

민간 창고의 폐단이 생기는 원인은 두 가지이다. 하나는 감사가 제멋대로 만든 것, 또 하나는 목민관이 탐욕을 채우기 위한 것인데 이 두 가지 원인이 사라지면 본래 민고라는 것은 없다.

"민간 창고(민고)의 예는 고을마다 각각 다르고 아무런 절제도 없다. 필요한 때에 수시로 거둬들임으로써 백성들을 못살게 함이 더욱 심하다."

"그 법례를 다듬고 앞뒤의 체계를 명확하게 하여 백성과 함께 국법을 지켜야 비로소 절제될 것이다."

"계방(부역의 면제를 받기 위해 관청의 하급 관리에게 돈이나 곡식을 주던 일)이란 것은 온갖 폐단의 근원이요, 간사한 무리들의 소굴이다. 계방을 없애지 않고는 어떤 일도 할 수 없을 것이다."

아전들에게 부역이나 병역 그리고 각종 면제를 위해 재물을 바치는 일은 부패의 온상이 되니 부패를 막기 위해서는 근원적으로 계방을 없애야 한다.

"이에 궁에 귀속된 토지(궁전)·주둔지 병사들의 자급자족을 위해 귀속된 토지(둔전)·향교가 있는 마을(교촌)·출장 길에 관리들이 묵는 마을(원촌) 등을 조사하여 무릇 그 비호 아래 숨겨져 원래 정액보다 초과된 소작은 모두 적발하여 곡물과 세금을 균등하게 해야 할 것이다.

"역이 있는 마을(역촌)·역마를 바꿔 타던 마을(참촌)·그릇을 만드는 마을(점촌)·관청의 창고가 있는 마을(창촌)을 조사해서 무릇 그 비호 아래 숨겨진 것이 법에 어긋나면 모두 적발하여 곡물과 세금을 균등하게 해야 할 것이다."

아전들이 끼어들어 부과해야 할 세금을 포탈하는 경우는 그것을 적발하여 세금을 균등하게 부과해야 한다.

"농지 면적에 의해 곡식이나 돈을 거둬들이는 것(결

렴)은 집집마다 얼마씩 거둬들이는 것(호렴)만 못하니 결렴을 실시하면 근본인 농민이 약탈을 당하는 꼴이 되고, 호렴을 실시하면 도공과 상인이 고통을 당한다. 놀고 먹는 자에게 고통을 주는 것이 근본을 후히 하는 길인 것이다."

사람들 중에 경지가 없는 자는 있어도 집이 없는 자는 없다. 그러니 백성의 집을 대상으로 세금을 부과함이 옳은 것이다. 또한 노는 자에게 세금을 부과하는 것은 근본적으로 농민에게 세 부담을 덜어 주는 것과 같은 것이다.

"쌀로 거두는 것은 돈으로 거두느니만 못하다. 본래 쌀을 조세로 거두는데 마땅히 돈으로 내도록 고쳐야 한다."

돈의 액수는 속이기 어렵다. 돈으로 세를 받는 것은 속일 수 없는 좋은 방법이다. 다시 말해 쌀은 품질의 등급이 다양하고 계량을 함에 있어 일정치 못하기 때문에 돈으로 받는 것이 낫다.

"교묘하게 명목을 만들어서 관리의 주머니(낭탁)로 들어가게 만든 것은 다 없애고, 함부로 꾸며진 여러 가지 조목들을 모아 삭제하므로써 백성의 부담을 가볍게 해야 한다."

고을에서 정한 법률이나 규정의 조항에는 함부로 꾸민 것이 많으므로 자세히 검토하고 삭제할 것은 삭제하여 백성들의 세 부담을 줄여야 한다.

"조정에서 벼슬살이를 하는 신하의 집이라 하여 요역(부역)을 면제하라는 규정은 법전에 실려 있지 않다. 넉넉한 곳은 면제하지 말아야 하고 먼 시골은 권도(수단은 옳지 않으나 결과로 보아 정도에 맞는 처리 방법. 목적을 이루기 위한 편의상의 수단.)로 면제해 주어야 한다."

수도권의 넉넉한 자들에게는 부역을 면제할 수 없지만, 어려움의 기준을 살펴 형편이 어려운 먼 지방 같은 곳은 전례에 따라 부역을 면제하는 것이 좋다.

"대체로 민간 창고(사창: 관아에서 관리하는 창고)의 폐단을 개혁하지 않을 수 없다. 마땅히 본읍에서 한 가지 좋은 방책을 생각해 내어 한 곳에 공전(백성들이 공동으로 경작하고 수확한 것을 세로 바치는 국유의 논밭)을 마련하므로써 그 부역(요역)을 막아야 할 것이다."

"고을의 향리(향촌, 고을의 유생.)를 불러 민간 창고(민고)의 지출 기록을 검사하게 하는 것은 예가 아니다."

목민관이 백성을 위한다면 향리에게 지출 장부를 맡겨 검사하게 하는 일은 없어야 한다.

"고마법(지방 관아에서 백성으로부터 징발하여 쓰던 말. 말을 징발하는 법.)은 국가의 법전에도 없는 일이다. 명목이 없는 부과로써 폐해가 없는 것은 전례대로 따라야겠지만 폐해가 있는 것은 없애야 한다."

"균역법(조선 영조 26년에 백성들의 부담을 덜기 위하여 정하였던 납세 제도. 종래의 군포를 두 필에서 한 필로 줄이고 그 부족액은 어업세 · 염세 · 선박세 등으로 보충하였음.)이 제정된 후로 어업 · 염전 · 선박세에는 일정한 비율이 있는데 법이 오래 되니 폐단이 생겨서 아전들이 농간을 부린다."

"배에는 등급이 많고 도마다 각각 다르니 배를 점검할 때에는 오직 옛 관례를 따르고 세금의 징수는 중복되는 것이 없는지 살펴야 한다."

배의 적재량은 그 힘에 있는 것이니 배의 크기로 세율을 정하는 것은 그 기준이 명확치 않으므로 관례대로 따르되 세금을 중복해서 받으면 안 된다.

"어세의 부과 대상은 바닷속에 있는 것이니 자세히 살펴볼 수가 없다. 오직 정기적으로 총량을 살펴서 함부로 징수하는 일이 없도록 해야 할 것이다."

"소금세(염세)는 본래 가벼워서 백성들에게 큰 고통이 되고 있지는 않으나 정기적으로 총량을 비교하여 함부로 징수하는 일이 없도록 살펴야 한다."

염세는 본래 가벼운데 세금이 낮을수록 아전의 농간이 심하다. 따라서 목민관은 이것을 잘 살펴야 한다.

"개인 선박이나 관의 선박이나 · 어상(어물 장수) · 염상(소금 장수) · 태곽상(김이나 미역을 파는 장수)에게 억울함이 있어도 호소조차 할 수 없는 저세(주인에게 주는 세)라는 것이 있다."

저세란 주인에게 바치는 수수료인데 배가 정박하는 포구라면 어디나 호민(부자로 세력이 있는 백성.)이 점포를 차려 놓고 무릇 배가 정박하면 그 화물을 잡아 멋대로 값을 흥정하니 상인들은 하소연할 길이 없다.

"시장 사용료로 받는 장세 · 통관료로 받는 관세 · 포구 사용료로 받는 진세·숙박료에 부과하는 점세·중들로부터 짚신을 받아들이는 승혜·무녀들로부터 받아들이는 무녀포(무명·베·명주 등) 등에 대하여 지나친 징수가 없는지를 살펴야 한다."

"백성들의 노동력을 필요로 하는 것은 신중히 해야 한다. 백성의 이익을 위한 것이 아니라면 하지 말아야 한다."

백성들의 이익을 동반하지 않는 부역은 되도록 삼가야 한다. (백성들의 노동력을 필요로 하는 경우: 제방을 쌓는 일, 보를 막고 도랑을 내는 일, 연못에 쌓인 모래를 파내는 일 등, 공공을 목적으로 하는 일 외에는 삼가는 것이 바람직하다.)

"아무런 명목도 없이 한때의 잘못으로 정해진 관례는

마땅히 폐지해야 하고 이에 따라서는 안 된다."

"혹, 요역(부역)이 있을 때 보조해 주는 곡식이나 돈을
백성에게 베푸는데 이것을 세력 있는 집에서 먹어버린
다. 그것을 조사하고 가려낼 것은 가려내어 징수하고 추
징할 수 없는 것은 탕감해서 보충해야 한다."

"조세와 부역(요역)을 지극히 공정하게 하려면 반드
시 호포(봄과 가을로 두 번에 걸쳐 집집마다 물리던 세금) · 구
전(인구에 따라 부과되는 세금)의 법을 시행해야 민생이 안
정될 것이다."

농사를 장려하는 것에 관하여

"농사는 백성의 이익이니 백성들 스스로 힘쓸 것이지만 더할 수 없이 어리석은 것이 백성이다. 그러므로 옛 임금들은 농사를 권장했던 것이다."

옛날의 중국 임금들은 농업을 지도하는 차원에서 토양에 알맞은 곡물을 분별했다. 그리고 농기구의 사용을 편리하게 함으로써 어리석은 백성의 농사를 도왔다. 그런데 우리 나라는 예로부터 지금까지 임금의 가르침은 없고 그들 멋대로 농사를 지었다.

"옛날의 현명한 목민관은 농사를 부지런히 권장함으로써 명예와 공적으로 삼았으니 권농은 목민관의 으뜸가는 책무이다."

"권농을 요긴하게 하는 방법은 세금을 경감해 주는 것인데 그 근본은 북돋는 데에 있다. 그렇게 하면 토지가 개간될 것이다."

"농사를 권장하는 정책이란 오직 심는 것만을 농사로 권장하는 것이 아니라 원예·목축·양잠 등도 권장하는 것이다."

"농사라는 것은 먹는 것의 근본이요 양잠은 입는 것의 근본이니 백성들에게 뽕나무를 심게 하는 것은 목민관의 중요한 임무이다."

"오직 뽕이나 모시를 심는 밭은 마땅히 나라 땅으로 하되 그 수입을 사창(고을 창고)에 귀속시켜 백성의 요구를 보조하게 하는 것이 좋을 것이다."

"농사를 짓는 기계와 베 짜는 기계를 만들어 백성들이 유익하게 사용하면 백성들의 생활에 넉넉함이 있으니 이 또한 목민관이 힘써야 할 일인 것이다."

"농사는 소로 하는 것이니 관에서 소를 제공하기도 하고, 혹은 백성들에게 소를 빌려 쓰도록 권장하여 권농에 마땅히 힘써야 할 것이다."

"서씨 농서에 소 기르는 법이 있고 소의 병을 치료하는 기록도 자세히 실려 있다. 소의 유행병이 도는 해에는 마땅히 백성들에게 이를 널리 알려야 할 것이다."

"농사는 소로 짓는 것이니 진실로 농사를 권장하려

한다면 마땅히 도살을 경계하고 목축을 권장해야 할 것이다."

"총체적으로 농사를 권장하는 정책은 응당 먼저 직책을 주어야 한다. 직책을 분담하여 맡기지 않고 여러 가지 직책을 뒤섞어 권장하는 것은 선왕의 법이 아니다."

옛날의 어진 임금은 농사를 장려함에 있어서 직책을 나누고 그 한 가지의 직책에 전념토록 했지, 한 사람에게 여러 가지 일을 잡다하게 시키지는 않았다.

"무릇 농사를 권장하는 정책이란 마땅히 여섯 과로 나누어 각각 직책을 맡기고 그에 따른 공적이 좋으면 높은 벼슬에 올려 백성들의 생업을 권장하게 해야 한다."

농정 6과 9직

- **논밭 농사**: 온갖 곡식을 생산한다.

  원전: 온갖 과수를 심는다.

  포휴: 온갖 채소를 심는다.

  빈공: 베와 명주(실크)를 생산한다.

  우형: 온갖 재료로 쓰는 나무를 심어 기른다.

  축목: 여러 가지 가축을 기른다.

- **공업 · 상업 · 신첩**(노비 관리)

"해마다 봄이 되면 여러 향리(한 고을에서 대를 이어 내려오던 아전)에게 문서를 내려 농사를 제때에 한 것과 늦은 것에 대한 보고를 받아 상벌을 주겠다는 약속을 해야 한다."

농사는 시기를 놓치지 않는 것이 무엇보다 중요하다. 하지만 게으른 농가나 소가 없는 농가는 번번이 때를 놓치기 일쑤이다. 따라서 상벌을 주겠다는 명령을 내리면 반드시 시기를 놓치지 않기 위해 서로 소를 빌려 경쟁하듯 농사를 지을 것이다.

예전의 **6**가지

제사에 관하여

"군현(지방 행정 단위)의 제사에는 사직단·성황당·여단의 삼단과 일묘(문묘: 공자의 위패를 모신 사당)가 있다. 그 제사 지내는 의미를 알게 되면 마음이 기울 것이요 마음이 기울면 이에 재계(몸을 깨끗이 하는 일)하고 공경하게 될 것이다."

· **사직단**: 토지의 신인 사신과 곡식의 신인 직신을 제사 지내는 단.

· **성황단**: 고을의 수호신인 성황신을 제사 지내는 단.

· **여단**:   옛날에는 자손이 없어서 의지할 데가 없는 신을 말하나 그 후로 불의의 재난이나 처형을 당한 자들의 혼령을 위해 제사 지내는 단.

"문묘(공자의 위패를 모신 사당)의 제사는 마땅히 목민관이 목욕 재계하고 몸소 거행하되 경건하고 정성스런 마음으로 많은 선비들을 앞장서서 이끌어야 한다."

"신위를 모신 집(사당)이 무너졌거나, 제단이 허물어졌거나, 제복이 보기에 좋지 않고 제기(제사에 쓰이는 그릇)가 청결치 못할 때에는 마땅히 고치고 수리해서 신에게 부끄러움이 없도록 해야 한다."

"경내(관내)에 서원이 있어서 그 제사를 공사(나라에서 내려 주는 것)받은 자가 있으면 마땅히 경건하고 정결히 받들게 하여 선비들의 기대에 실망을 주지 말아야 할 것이다."

"경내(관내)에 있는 사묘(옛날에 이름 높은 사람을 제사 지내던 사당)에 지붕을 덮고 수리하는 것 또한 마땅히 전과 같이 해야 한다."

"제사에 쓰이는 짐승(소 · 양 · 돼지)은 마르거나 피부병이 걸린 것이 아니고, 큰 제사에 쓸 기장(벼과의 일년초)은 성한 것으로 마련되어야 어진 목민관이라 할 수 있다."

"기우제(비 오기를 비는 제사)는 하늘에 제를 지내는 것이다. 지금의 기우제는 부질없는 장난으로 하늘을 모독하니 예의에 크게 어긋나는 것이다."

"기우제 때 읽는 제문은 마땅히 새로 만들어야 한다. 혹 전에 것을 그대로 쓴다면 이는 절대로 예의가 아닌 것이다."

"혹시 음사(내력이 바르지 못한 귀신에게 제사를 지내는 것)가 고을에 잘못된 관례로 전해 내려오면 마땅히 사민(육예〈여섯 가지 교과, 곧 예도·음악·활쏘기·통솔·서예·수학〉를 익힌 백성)을 알아듣도록 타일러 이를 없애도록 해야 한다."

미풍 양속을 해치는 미신적인 관례의 제사 같은 것이 있다면 백성을 알아듣도록 타일러 이를 없애야 한다.

"일식이나 월식 때 거행하는 구식(일식이나 월식이 있을 때 각 관아의 당상관과 낭관〈당하관〉 각 한 사람이 엷고 맑은 빛깔의 옷을 입고 기도를 올리는 예식)의 예절 또한 마땅히 장중하고 엄숙하게 해야지 희롱삼아 아무렇게나 하는 일은 없어야 할 것이다."

해와 달이 서로 가리는 현상은 본래 천체 운행의 한 가지로 미리 그 시간을 알 수 있는 것이다. 따라서 그것은 처음부터 천재지변이 아니다. 단지 해와 달이 없어지는 것을 괴이한 일인 것처럼 꾸며 백성을 희롱하지 말라는 것이다.

손님 접대에 관하여

"손님 접대는 5가지 예 중 하나이다. 그 접대하는 음식이 여러 가지로 너무 후하면 재물을 낭비하게 되고 너무 박하면 환대의 예를 잃게 된다. 그러므로 선왕이 일의 이치나 형편에 알맞게 예법을 제정하여 후한 것은 지나치지 못하게 하고 박한 것은 더 감하지 못하게 했다. 그러니 그 예법을 만든 근본 정신은 옛날로 거슬러 올라가지 않을 수 없는 것이다."

"옛날 음식 차림에는 다섯 등급이 있었으니 위로는 천자로부터 아래로는 삼사(낮은 벼슬)에 이르기까지 좋은 일이 있거나 흉한 일이 있거나 이 범위를 벗어나지 않았다."

"요즘 감사가 각 고을을 순회하는 일은 천하의 큰 폐단이다. 이 폐단이 고쳐지지 않는다면 부역이 무거워 백성들은 모두 살 수 없게 될 것이다."

백성들이 며칠씩 부역으로 길을 닦고 수백 명에 이르는 수행원들이 전송을 하거나 맞이해야 하니, 이는 백성들의 생활을 곤궁하게 할 뿐이다.

"내찬(안채의 부인이 손수 차린 밥상)은 손님을 대접하는 예가 아니다. 그 실제는 있더라도 명분이 없는 것은 마땅히 억제해야 한다."

감사가 고을에 도착하면 큰상을 대접하는 것 이외에 따로 진수성찬을 준비하는데 그것을 내찬이라 한다. 감사가 한 번 대접을 받았으면 그만이지 안채에서 상을 받는다는 것은 예가 아니다.

"감사에게 음식의 대접과 숙박에는 전래의 예법이 있다. 역대 임금이 남긴 훈계가 국사에 실려 있으니 마땅히 삼가 준수하여 훼손하는 일이 없도록 해야 한다."

"일체 귀한 손님의 대접은 마땅히 예전의 예를 따라

서 엄중하게 그 방식을 정해야 한다. 법이 비록 마련되어 있지 않다 해도 예는 마땅히 말하지 않을 수 없다."

"옛날의 현명한 목민관들은 그 상관을 접대하는 데에 감히 예법을 넘어서지 않았으니, 그 아름다운 행적은 널리 책에 실려 있다."

"비록 상관이 아니더라도 무릇 임금의 영을 받고 고을에 온 벼슬아치(사성)는 극진히 경의를 표해야 한다. 그러나 도덕에 어긋난 자는 받아들이지 말 것이며 그 나머지는 마땅히 정성과 직분을 다해야 할 것이다."

"옛 사람은 내시(궁중에서 일하는 관원)가 지날 때에 되려 반기는 것을 막았고, 심히 임금이 타는 수레(거가)가 지나갈 때에는 백성을 괴롭히면서까지 환심 사기를 꺼리지 않았다."

아무리 권세가 있고 높은 자리에 있다 한들 백성을 괴롭히면서까지 아부하는 것은 작금 도리에 어긋난다.

"칙사(사신) 대접을 지칙이라 일컫는다. 지칙은 서로(서쪽 지방)의 큰 정책인 것이다."

백성을 가르치는 것에 관하여

"목민관의 직책은 백성을 가르치는 데 있다. 농지와 재산을 고르게 하는 것도 장차 가르치기 위함이고, 부과하는 세금과 부역(요역)을 공평하게 하는 것도 장차 그들을 가르치기 위함이며, 관을 설치하고 목민관을 배치하는 것도 장차 가르치기 위함이다. 그리고 죄를 밝히고 법을 고치는 것도 장차 가르치기 위함이다. 모든 정치가 닦여져 있지 않아서 교육을 일으킬 겨를이 없다면 이는

오랜 세대를 통한다 해도 백성을 잘 다스릴 수 없는 것
이다."

　"백성을 결속하여 조(오: 무리)를 편성하고 향약(권선
징악과 상부 상조를 목적으로 마련하였던 시골 마을의 자치 규
약)을 실행하게 하는 것 또한 옛날 향당주족(인구 수에 따
라 향·당·주·족으로 구분한 행정 구역)을 본뜬 것이다. 권
위와 베푼 것이 이미 흡족하다면 힘써 행하는 것이 좋을
것이다."

　"지난날의 좋은 말과 옛행실을 서민들에게 권유하여
귀와 눈에 습관화 되도록 하는 것도 또한 이끌어 고쳐
나가는데 도움이 될 것이다."

　"가르치지 않고 형벌을 주는 것은 백성을 속이는 것이

다. 비록 악하고 불효한 여자라 해도 일단 이를 가르치고 그래도 고치지 않는다면 심하게 다스려야 할 것이다."

"형제가 우애하지 않아 어리석은 말타툼으로 송사를 부끄럽게 여기지 않는 자라도 우선 그를 가르치고 나서 심하게 할 것이다."

"서울에서 멀리 떨어진 변방은 임금의 교화에서 멀기 때문에 예로부터 전해 오는 풍속이나 습관을 권유해서 행하게 하는 것도 또한 목민관으로서 먼저 힘써야 할 일이다."

"효자와 열녀, 충신과 절개가 굳은 선비를 찾아내어 그 숨은 행적을 세상에 드러내고 정문(충신·효자·열녀 등을 표창하기 위하여 그의 집 앞이나 마을 앞에 세우던 붉은 문.

작설. 홍문.)을 세워 표창에 힘쓰는 것 또한 목민관의 할 일이다."

"지나치게 과격한 행동이나 편협한 의리를 숭상하거나 장려하는 폐단을 절제할 수 없게 인도해서는 안 된다. 이것이 의리를 정화하는 것이다."

지나치게 격한 행동은 그것이 선한 행동이라 해도 숭상하거나 권장해서는 안 된다. 그것은 자칫 폐단을 남기기 쉬우니 이를 경계해야 한다.

"어지럽고 타락한 풍속에 비록 정이 박하다 하나 이를 가르쳐 이끌면 역시 귀화(지난날, 정복당한 백성이 임금의 덕에 감화되어 그 백성이 되던 일.)하는 자가 있을 것이다."

자발적으로 가르치는 것에 관하여

"옛날의 학교에서는 예를 익히고 풍류(음악)를 익혔는데, 지금은 예가 무너지고 풍류(음악)가 무너져서 학교의 가르침이란 글을 읽는 것뿐이다."

"문학이란 소학(아이들을 공부시키는 학교)에서 가르치는 것이다. 그렇다면 후세에 와서 학교를 일으킨다는 것은 그 소학을 하는 것과 같다는 말인가."

"배운다는 것은 스승에게서 배우는 것이다. 스승이 있은 후에 배움이 있으니, 덕행이 있는 노인을 초빙하여 스승으로 삼은 후에야 배움의 규칙을 의논할 수 있는 것이다."

"강당과 행랑(문 양쪽으로 있는 방. 낭저. 낭하.)을 수리하고 쌀 창고(미름: 순임금 시절 학교를 미름이라 했다. 학교가 있으면 선비가 있고, 선비가 있으면 그들을 먹여야 하니 '쌀 창고'의 뜻으로 쓰임.)를 잘 관리하고 살피며 널리 서적을 비치하는 일 또한 어진 목민관으로서 유의해야 할 일이다."

"단아하고 방정한 자를 가려 학교장이 되게 하고 사표(학식과 인격이 높아 세상 사람에게 모범이 되는 일)로 삼아 예로써 대우하여 그 염치(결백하고 정직하며 부끄러움을 아는 마음)를 가르치게 해야 한다."

"늦가을에 양로의 예를 행하여 노인을 노인으로 대접하는 길을 가르친다. 그리고 초겨울에는 그 고을의 유생들을 불러 나이 순으로 서열을 정한 다음, 겸손한 태도로 술을 마시게 해 어른을 어른으로 대접하는 길을 가르친다. 또한 중춘(음력 2월)에는 고아들을 위한 잔치의 예를 행하여 고아를 구제토록 한다."

"때로는 향사(봄·가을로 고을의 선비들을 모아 활을 쏘는 예)의 예를 행하고 때로는 투호(연회석에서 화살을 통 속에 던져 넣어 승부를 겨루고 이긴 자가 진 자에게 술을 권하는 예)의 예를 행해야 한다."

신분을 구분하는 것에 관하여

"신분을 구분하는 것은 백성을 편안하게 하고 그 뜻을 정하는 데에 있어 중요한 일이다. 등급에 대한 위엄이 분명치 않고 지위나 계급이 문란해지면 백성이 흩어지고 기강이 무너지게 될 것이다."

"집안에는 귀천이 있는 것이니 마땅히 그 등급을 구

분해야 하고, 세력에는 강하고 약함이 있으니 마땅히 그 실제를 살펴야 한다. 이 두 가지가 어느 한쪽으로 쏠려서는 안 될 것이다."

목민관이 된 자는 신분과 등급의 귀천을 구분해야 한다. 하지만 약자를 붙들어 주고 강자를 억제한다는 구실로 신분 질서까지 무너뜨려서는 안 된다. 양쪽을 엄히 처리해야만 질서가 유지될 것이다.

"무릇 등급을 구분하는 정책은 오직 천한 백성만을 제재하기 위한 것이 아니다. 중인(양반과 상민의 중간 계급)이 윗사람을 범하는 것 또한 보기 흉해 옳게 하려는 것이다."

"가옥·수레와 말·의복·쓰는 그릇 등이 분수에 맞지 않을 정도로 사치한 것이 법도를 넘으면 마땅히 모든 것을 엄금해야 할 것이다."

"무릇 노비법이 변한 후로 민속이 크게 달라졌는데 이는 국가에 이익이 되지 않는 것이다."

국가가 의지하는 바는 선비의 집안인데, 그 선비의 집안이 권세를 잃으니 혹 국가의 혼란을 틈탄 상민(소민)들이 난을 일으킨다면 누가 이를 막을 것인가. 따라서 노비법은 실패한 것이나 다름없다.

"이미 귀족들이 무너짐에 천한 부류들이 없는 사실을 자주 꾸며 함정에 빠뜨리니 관장(고을 사람들이 원을 높이어 일컫던 말)이 이를 다스릴 때 실제의 상황을 잊는 수가 많다. 이것 또한 오늘날의 통속적인 폐단이다."

과거에 매달리는 것보다 익히는 것에 관하여

"과거를 위한 학문은 사람들의 마음씨를 파괴한다. 그러므로 뽑아 쓰는 법을 고치지 않는 한 이것을 익히도록 권장하지 않을 수 없다. 이를 일러 과예라 한다."

과거 제도는 원래 문제가 있는 것으로 과거에 따른 여러 가지 폐단과 허위·농간이 사람들의 마음씨를 파괴한다. 하지만 나라에서 인재를 등용하는 방법이 이것뿐이니 이 제도를 권장하지 않을 수 없다.

"과예(과거를 볼 때 권장하는 재능과 기예. 과거 공부.)에도 마땅히 정원이 있어야 한다. 먼저 추천해서 뽑혔거든 시험을 치르게 하고 이내 편성하여 그들에게 과거(본시험)를 치르게 해야 한다."

"근세(국사에서는 조선 시대 전기가 이에 해당함) 이래로 문체가 천하고 낮으며 구법(시문의 구절을 만들거나 배열하는 방법)이 경박하고 기준에서 벗어나 편법(문장을 구성하는 방법)이 짧고 급하니 이를 바르게 하지 않을 수 없는 것이다."

"어린 학생(동몽: 아직 장가를 들지 않은 아이) 중에서 총명하고 기억력이 뛰어난 자는 따로 뽑아서 가르쳐야 한다."

"이미 과예(과거를 볼 때 권장하는 재능과 기예)를 권장하여 과거에 급제하는 자가 잇달아 나오면 마침내 문명을 성취하는 고을이 되니 이 또한 목민관의 지극한 영광이 아닐 수 없다."

"과거 제도가 확립되지 않으면 선비들이 좋아하지 않을 것이며 과예 정책 또한 독선적이어서는 안 된다."

병적부에 관한 **6**가지

병적을 작성하는 일에 관하여

"병적(병역 의무자를 조사하여 기록한 것)을 작성하여 군포(군 복무 대신 바치던 삼베나 무명)를 징수하는 법은 양연(이조 중종 때의 문신으로 좌찬성 벼슬에 올랐음)이 처음 만들어 오늘에 이르고 있는데 그 여파가 크고 넓어 백성의 뼈를 저미는 듯한 괴로움이 되었다. 이 법을 고치지 않는다면 백성들은 모두 죽게 될 것이다."

"대오(대: 끼리끼리 사람을 나누어 이룬 무리. 오: 군대의 편제에서 다섯 사람으로 이루어진 한 조. 군대의 편성 대열.)는 명목뿐이고 쌀이나 포목을 걷는 것이 실제의 명목이다. 실지의 목적이 이미 거두는데, 명목을 어찌 또 묻겠는가. 명목을 또 물으려 한다면 백성들이 그 괴로움을 당할 것이다. 까닭에 군정을 잘 다스리는 자는 다스림만을 일삼지 않고 이름 적기를 잘하는 자는 이름 적기 만을 일삼지 않는다. 쓸데없는 이름을 조사하고 죽은 것을 밝히며

부족한 인원을 보충하고 대신할 자를 요구하는 것은 오
히려 아전들의 이익이 되는 것이니 현명한 목민관은 이
를 하지 않는다."

군대의 편성을 말하는 것은 허울일 뿐이고 쌀과 포를 거두는 것
이 실지 목적이다. 지금과 같은 정세에서 군대의 편성을 바로잡겠
다고 도망간 자·늙은이·죽은 자를 밝혀 내어 군정을 정비하겠
다는 것은 아전들의 농간이 아닐 수 없다. 따라서 현명한 목민관은
이를 행하지 말아야 한다.

"한두 명을 보충하지 않을 수 없을 경우에는 마땅히
넉넉한 집의 기피자를 찾아내어 역전(군전: 병역 의무자로
하여금 경작하게 하는 국가 소유의 논밭)으로 보충하게 하고
이로써 실제의 군사를 고용하도록 해야 할 것이다."

도망갔거나 죽은 자로 군전을 경작하지 못하는 자는 쌀이나 포목
을 대신 바칠 수 없기 때문에 다른 사람으로 보충하지 않을 수 없
다. 이럴 경우에는 부유한 집 가운데 병적부에서 빠진 자를 찾아
병역 의무로 농지 세 마지기를 대신 바치게 하고 이것으로 실제 군

사를 고용하는 것이 좋을 것이다.

"군역(백성이 나라에 대하여 지는 신역의 한 가지. 병역과 노역의 구분이 있었음. 병역 의무.) 한자리(같은 자리)를 두고 5~6명에게 서명을 받아 쌀과 포목을 챙긴 다음 아전이 그것을 호주머니에 넣으니 이를 살피지 않을 수 없다."

"군의 계획안과 군 관계 장부는 모두 정당(지방 관아)에 보관하고 자물쇠를 엄중히 채워 아전들의 손에 들어가지 않도록 해야 한다."

쌀과 포목을 징수하고 기록한 장부는 모두 거두어 한곳에 보관하고 그 자물쇠와 열쇠는 엄중히 관리한다. 그리고 문제가 있어 그것을 밝혀야 할 경우에는 장부와 대조해서 그들의 농간을 막아야 한다.

"위엄과 은혜가 이미 흡족하여 아전이 두려워하고 백성들이 품으면 군적의 기초가 되는 장부(척적)를 정리할 수 있을 것이다."

"군적의 기초가 되는 자료(척적)를 정리하려면 먼저 계방(부역의 면제를 받기 위해 관청의 아전에게 돈이나 곡식을 주던 일)을 타파하고 서원(선비들이 모여 명현을 제사하고 학문을 강론하며 인재를 키우던 사설 기관)·역촌(역이 있는 마을)·호호(세력 있는 집)·종묘(대묘: 역대 임금과 왕비의 위패를 모시던 왕실의 사당) 등 모든 병역 도피의 깊숙한 곳을 조사하지 않을 수 없다."

"포목을 거두는 날에는 마땅히 목민관이 직접 나서서 받아야 할 것이다. 아래 아전에게 맡기면 백성들의 비용이 배가 될 것이다."

돈은 액수가 정해져 있고 쌀도 수량이 있어 폐단이 적은 편이나 포목은 일정한 기준이 없기 때문에 흠을 잡기가 쉽다. 따라서 아전들에게 맡기면 백성들의 부담이 커질 수 밖에 없으므로 목민관이 직접 받아야 한다는 것이다.

"족보를 위조하고 관직의 임명장을 몰래 사서 군역(병역)을 면제받으려는 자는 징계하지 않을 수 없다."

"지방의 군사를 선발하여 차례로 서울의 군영에 올려 보내는 것은 온 고을의 큰 폐단이니 이를 십분(충분히) 엄중하게 살펴야 비로소 백성에게 피해가 없을 것이다."

군사를 훈련시키는 것에 관하여

"군사를 훈련시키는 것은 군사적 대비를 위한 중요한 일로써 훈련(연습하고 조련하는 것)과 교기(각종 깃발을 이용한 전술)의 계략이 있다."

군사적 대비를 말할 경우 훈련을 가장 기본으로 삼는다. 군사를 뽑지 않고서는 훈련을 할 수 없으며, 군사를 뽑은 후에야 훈련과 전술이 가능해진다.

"오늘날의 이른바 군사 훈련은 헛된 일뿐이다. 첫째 속오(지방에 거주하는 15세 이상의 남자를 군적에 편입하여 평시에는 군포를 바치고 때때로 훈련을 받으며 유사시에는 현역으로 복무하는 군인), 둘째 별대(말타는 기병), 셋째 이노대(아전이나 관노비들로 조직한 군대), 넷째 수군(배를 타고 바다에서 싸우는 군대), 등의 법이 갖추어지지 않았으니 훈련을 해도 유익할 것이 없다. 공문에 따른 답장뿐이니 어지럽게 하거나 혼란스럽게 할 필요가 없는 것이다."

"오직 깃발(기)과 북의 구령(호령)에 따라 나아가고 정지하고 분산과 합치는 법만큼은 마땅히 연습하여 상세하게 숙달토록 해야 할 것이다. 이는 군사들만 가르치고자 하는 것이 아니고 아전이나 군교들로 하여금 규칙과 정례를 익히게 하기 위함이다."

"아전과 관노의 훈련은 가장 중요한 일이다. 정해진 날로부터 3일 전에는 마땅히 예비 연습을 시켜야 한다."

유사시(비상이 있을 때)에는 속오군(지방에 거주하는 15세 이상의 남자를 군적에 편입하여 평시에는 군포를 바치고 때때로 훈련을 받으며 유사시에는 현역으로 복무하는 군인), 별대(말타는 기병) 등이 진영에 배속(배치)되어 싸우게 된다. 이때 목민관은 아전과 관노로 대오(군대를 편성한 행렬)를 만들고 초병(보초)도 만들어 고을을 지킨다. 따라서 아전과 관노의 예비 훈련은 매우 중요하다.

"만일 풍년이 들어 준비가 느슨하더라도 조정에서 정지하라는 명령이 없는 한 훈련을 시키는 것은 물론 그 대오(군대를 편성한 행렬)의 인원을 보충하고 장비를 갖추는 일에 힘쓰지 않으면 안 될 것이다."

훈련은 매년 한 번씩 행하게 되어 있는데 대개는 이 규정을 잘 지키지 않는다. 어쩌다 한 번 행하게 되면 대오(군대를 편성한 행렬)의 결원(정원에서 사람이 빠져 모자람)과 준비 상태, 훈련비 부족을 구실삼아 아전들이 금품을 요구하게 되는데 이는 목민관의 치욕이므로 규정대로 훈련을 실시하여 아전들의 횡포를 막아야 한다.

"군대 안에서 돈을 걷는 일은 군율이 지극히 엄중하니 고을에서 군사 훈련을 실시하는 사련이나 조정의 명령에 의해 군사 훈련을 실시하는 공조 때에 마땅히 이런 폐단이 없도록 잘 살펴야 할 것이다."

군대 안에서 신병에게 선임자들이 신고식이니 상견례니 하여 돈을 걷는 것은 엄히 금해야 한다. 만일 그런 일이 발생했을 경우에는 경각심을 주기 위해서라도 즉시 무거운 벌로 다스려야 할 것이다.

"배를 타고 바다에서 싸우는 수군을 산간 고을에 배치하는 것은 본래 잘못된 법이다."

　"수군을 훈련(조련)시키라는 명령이 있으면 마땅히 수군에 맞는 방법을 취해 매일 같이 연습시켜 모자람이 없게 해야 할 것이다."

병기를 정비하는 것에 관하여

　"병은 병기를 말한다. 병기는 100년을 쓰지 않아도 좋으나 하루라도 준비하지 않을 수 없다. 따라서 병기를 정비하는 일은 지방을 지키는 신하(토신 즉 목민관)로서의 직무이다."

　전쟁이라는 것은 예고가 없으므로 항상 병기를 손질하고 보충하여 유사시에 대비해야 하는데, 이것은 고을을 지키는 목민관으로서 맡은 바 책무인 것이다.

"화살을 만드는 대나무를 옮겨 나누어 주는 것과 매달 지급되는 연습용 화약은 마땅히 법의 취지에 맞게 그 출납을 엄하게 해야 할 것이다."

"만약 조정의 명령이 엄중하다면 수시로 수리하고 보충하는 일을 하지 않을 수 없다."

무예를 권장하는 것에 관하여

"우리 나라(동방)의 풍속은 유순하여 무예 같은 것을 즐기지 않으며 익히는 것은 오직 활쏘기뿐이다. 지금에 이르러서는 그것마저 익히지를 않으니 무예를 권장하는 것이 오늘날 급히 해야 할 일이다."

"목민관으로서 오래 재임하는 자는 6년에 이르기도

한다. 이러한 것을 헤아려 무예를 권장한다면 백성들도
부지런히 따를 것이다."

"강력한 쇠뇌(노포: 여러 개의 화살을 한꺼번에 나가게 만
든 활의 한 가지)를 넓게 설치해 놓고 쏘는 법을 익히지 않
으면 안 된다."

"구령(호령)을 붙이는 것과 명령에 따라 움직이는 법
과 달리고 돌격하는 자세 등은 응당 모르는 사이 근심(국
난)이 있을 때 익히고 연습하면 좋을 것이다."

상황에 따른 대처 방법

"목민관(수령)은 곧 병부를 차고 있는 관원이다. 매우 비밀스럽고도 뜻밖에 일어나는 변고(여기서는 내란에 대한 대응)가 많으니 대응하는 방법을 미리 강구하지 않을 수 없다."

"근거 없는 뜬소문(유언비어)이 나돌기도 하고 혹은 조짐이 일기도 한다. 목민관은 이에 대응할 때 조용히 진압하기도 하고 묵묵히 살피기도 해야 한다."

유언비어가 돌면 근거 없는 것인지 반역의 음모가 있는 것인지를 판별해야 하며 근거 없는 말은 못 들은 척하고 고의성 있는 유언비어는 진상을 밝혀 내야 한다.

"무릇 이름을 밝히지 않고 붙인 벽보(괘서)나 투서(어떤 사실의 내막이나 남의 비행 따위를 적어서 몰래 관계자나 관계 기관 같은 데에 보냄, 또는 그 글.)는 혹 태워서 없애 버리기도 하고 혹 말없이 살피기도 한다."

이름을 밝히지 않은 괴서나 투서가 임금과 관련이 있는 것이라면 감사를 만나 논의할 것이며 그렇잖으면 아전이나 향리를 은밀하게 보내어 감사에게 보고해야 한다.

"무릇 변란이 있더라도 마땅히 경동(놀라서 술렁거림)하지 말고 귀추(귀취: 어떤 결과로써 귀착하는 바)를 조용히 생각하여 변화에 대처해야 할 것이다."

도적들이 모여서 변란을 일으키더라도 마땅히 놀라거나 술렁이지 말고 침착하게 결과를 살펴 그 변란(어떤 변고로 말미암아 세상이 어지러워지는 일)에 대처해야 한다.

"혹 지방의 풍속이 도리에 어긋나고 흉악해 목민관(관장)을 살해하려 한 자는 혹 잡아서 베거나 조용히 진압한다. 그리고 일의 낌새를 밝혀 간사한 것을 꺾되 동요되어서는 안 된다."

　"강도나 떼를 지어 노략질하는 도둑들이 서로 모여서
난을 일으킨다면 혹 회유해서 항복시키거나 혹 꾀를 써
서 사로잡아야 한다."

　"토적(시골에서 일어난 도둑의 떼)이 이미 평정된 뒤에
도 백성들의 마음이 아직도 의심하고 두려워한다면 마
땅히 정성을 다해 받들고 믿게 하여 불안으로부터 백성
을 안심하게 해야 한다."

적을 방어하는 것에 관하여

　"외적이 침입하면 지방을 지키는 신하는 마땅히 관할 지
역을 지켜야 하며 그 방어의 책임은 장수와 같은 것이다."

"병법에 이르기를 '허하면서 실한 것처럼 보이게 하고 실하면서 허한 것처럼 보이게 하라.' 했으니 이것은 외적의 침입을 막는 자로서 마땅히 해야 할 일이다."

　"지키기만 하고 공격하지 않아서 적으로 하여금 지경(땅과 땅의 경계)를 지나가게 한다면 이것은 적을 임금에게로 보내는 것이니 추격을 어찌 그만둘 수 있겠는가."

　"높은 충성심과 늠름하면서도 굳은 의지로 병사를 격려하여 작은(척촌) 공이나마 세우는 것이 최상의 도리이다. 그리고 형세가 궁하고 힘이 다한다 해도 싸우다가 죽음으로써 **삼강**(군위신강: 임금과 신하 사이에 지켜야 할 도리. 부위자강: 아버지와 자식 사이에 지켜야 할 도리. 부위부강: 남편과 아내 사이에 지켜야 할 도리.) **오륜**(군신유의: 임금과 신하 사이에는 의리가 있어야 하고, **부자유친**: 아버지와 아들 사이에는 친근함과 사랑이 있어야 하고, **부부유별**: 남편과 아내 사이에는 분별이 있어야 하고, **장유유서**: 어른과 아이 사이에는 차례가 있어야 하며, **붕우유신**: 친구 사이에는 신의가 있어야 함.)을 받드는 것 또한 본분인 것이다."

"임금이 난으로 도성을 피해 떠나 오면(파천) 지방을 지키는 목민관이 그 지방의 토산품을 올려 충군 애국의 뜻을 표하는 것도 또한 직분상 당연히 해야 할 일이다."

"병사가 없는 곳에서는 백성을 위로하고 인재를 기르고 농사를 가르쳐 군비의 조달을 넉넉하게 하는 것도 또한 지방을 지키는 목민관의 직분이다."

난리가 나면 일시에 온 나라가 혼란에 빠지니 성을 수리하고 호를 깊게 파 요지를 지키게 하고 군량을 비축하는 한편으로 적의 동정을 살펴 백성을 편안케 하는 것이 목민관의 직분이다.

형조의 소관 사항을 규정한 **6**가지

송사(소송)에 관하여

"사실을 심리하기 위해 송사를 듣는 것은 기본적인 성의에 있고 성의의 근본은 홀로 있을 때에도 도리에 어긋나지 않는 것에 있다."

송사에 대해 옳고 그름을 바르게 판단하려면 백성을 바르게 인도하려는 성의가 있어야 하며, 성의는 누가 보지 않을 때에라도 진심이 있어야 한다. 그러나 처음부터 송사가 일어나지 않게 하는 것이 무엇보다 이상적이다.

"그 다음으로는 자기 자신을 잘 다스려 경계하고 가르쳐 굽은 것을 펴 주면 또한 송사가 없어질 것이다."

"송사의 처리를 물 흐르듯이 쉽게 하는 것은 타고난 재능이 있어야 하지만 그 방법은 위험하다. 송사의 처리는 반드시 그 사람의 마음을 속속들이 파헤쳐야만 법이 사실에 맞게 되는 것이다. 그런 까닭에 송사의 처리가 간략해지기를 바라는 자는 그 판결이 반드시 더디다. 그것은 한 번 판결이 났다 해도 그 송사는 다시금 일어나기 때문이다."

송사를 처리하는 마음가짐은 오직 공정한 것뿐이니 꼼꼼히 조사하고 원고와 피고의 심리를 정확히 파악하여 두 번 다시 소송하는 일이 없도록 해야 한다.

"막히고 가려진 것을 잘 알지 못하면 민심(민정)은 답답해지는데, 달려와 호소하는 백성이 부모의 집에 들어오는 것 같이 한다면 이는 어진 목민관이다."

백성들에게 있어 목민관은 어렵고도 두려운 존재이기 때문에 답답해도 달려갈 수 없다. 그러므로 목민관은 그들이 부모의 집에 드나들 듯 편히 말할 기회를 주어야 한다.

"무릇 송사에 있어서 급히 달려와 고할 때에는 그것

을 그대로 믿지 말고 천천히 응하면서 그 실상을 살펴야
할 것이다."

송사를 제기하는 사람의 말이 비록 긴박한 사안이라 할지라도 한
쪽 말만을 믿어서는 안 된다. 반드시 양자 대면을 통해 시시비비를
가려야 한다.

"한마디로 옥사(반역·살인 등 중대한 범죄를 다스리는
일)를 판단하고 결정하기를 신처럼 하는 자는 천재적이
니 보통 사람은 마땅히 본받을 바가 못 된다."

"사람으로서 마땅히 지켜야 할 도리(인륜)에 관계되
는 송사는 하늘의 도리(천상: 하늘이 정한 떳떳한 도리. 오상
의 도. 오륜.)에 관계되므로 마땅히 밝혀야 한다."

"혈육(골육: 부모와 자식 그리고 형제 등 혈연 관계)간에 서로 해치고 싸우는 일은 의를 저버리고 재물을 탐하는 것이니 마땅히 엄하게 징계해야 할 것이다."

"토지의 송사는 백성의 재산에 관계되는 것이니 한결같이 공정하게 처리해야 백성이 이에 승복할 것이다."

"우마(소와 말) 송사는 좋은 판례가 많으니 옛사람들이 남긴 훌륭한 것들을 본받아야 할 것이다."

송나라의 고헌지가 건강령으로 재직할 당시의 일이다. 소를 도둑질한 자가 소 주인과 서로 다투고 있었는데 고헌지는 그들에게 소를 풀어놓으라고 판결했다. 이때 소가 주인의 집으로 돌아가게 되니 도둑은 그 자리에서 죄를 인정하지 않을 수 없었다.

"재물과 비단의 송사는 증빙할 문서가 없다 해도 그

진정과 허위를 자세히 살펴보면 그 실상이 드러날 것이다."

증거물이 없다 해도 그 정황에서 거짓을 찾아내면 진실이 있는 것이다. 그러니 정성을 다해 모든 것을 살피면 그 진상이 밝혀질 것이다.

"묘지에 관한 송사는 이제 폐단이 있는 풍속이 되었다. 서로 다투거나 때려서 죽이는 사건의 반은 여기서 일어난다. 남의 묘를 파헤치는 짓이 예에 어긋나도 스스로 효라고 생각하니 송사를 듣고 판결을 명확히 하지 않으면 안 될 것이다."

"묘지에 대한 송사는 탐욕과 의혹이 깊어서 도둑질하고 빼앗는 일이 서로 잇달아 알아듣게 처리하기가 어려운 것이므로 다른 송사의 갑절이나 된다."

"나라의 법전에 기재되어 있는 것 또한 일정한 법이 없어 이렇게도 하고 저렇게도 할 수 있으니 오직 관이 마음대로 할 수 있다. 때문에 백성의 뜻과 달라 분쟁과 송사가 빈번한 것이다."

"노비에 관한 송사는 법전에 실린 조문이 복잡하고 많아 의거할 수 없다. 그러니 인정을 참작하여 헤아릴 것이지 조문에 구애될 일은 아니다."

"채무나 대여(채대) 관계의 송사는 마땅히 경중을 가릴 기준(권형)이 있어야 하지만, 간혹은 심하게 독촉해서 받아 주기도 하고 간혹은 은혜를 베풀어 빚을 탕감해 줄 수도 있어야지 일정한 법만을 고집하면 안 된다."

"병적 기록에 관한 송사로 두 마을이 서로 다툴 때에는 그 일이 생겨나게 된 유래(근맥)를 조사하여 어느 한 쪽으로 확실하게 귀결지어야 할 것이다."

두 마을이 병적 문제로 송사가 걸렸을 경우 목민관은 마땅히 양쪽의 서류를 처음부터 끝까지 검토해야 한다. 그리고 각자에게 변론(소송 당사자나 변호인이 관아에서 하는 진술)의 기회를 주어 그것에 대한 옳고 그름을 심리(소송 사건에 관하여 목민관이 판결에 필요한 모든 일을 심사함)한 연후에 명백히 밝혀야 한다.

"송사를 판결하는 근본은 오로지 문서와 관련이 있다. 그러므로 그 속에 감추어진 간사한 꾀를 들추어내서 숨겨진 비위 사실을 밝히는 것은, 오직 현명한 자만이 할 수 있는 것이다."

죄를 판결하는 것에 관하여

"중대한 범죄를 판결하는 요체(사물의 가장 중요한 점)는 분명하게 살피고 신중하게 하는 것뿐이다. 사람이 죽고 사는 것이 내가 한 번 살피는 데 달렸으니 어찌 분명히 하지 않을 수 있겠는가. 또 사람이 죽고 사는 것이 내가 한 번 생각하는 데 달렸으니 어찌 신중하지 않을 수 있겠는가."

"큰 옥사(반역·살인 등 중대한 범죄를 다스리는 일, 또는 그 사건.)가 만연하면 원통(분하고 억울함)한 자가 열에 아홉은 될 것이다. 힘이 미치는 한 모르게 구해 주고 빼내어 준다면 덕을 심어서 복을 구하게 되는 것이니 이보다 더 큰 것은 없다."

"그 수괴(괴수: 적의 우두머리)는 목을 베고 이에 연루

(남이 일으킨 사건이나 행위에 걸려들어 죄를 덮어쓰거나 피해를 입게 됨)된 자들을 용서해야 원통한 일이 없을 것이다.”

“의혹이 있는 옥사(반역·살인 등 중대한 범죄를 다스리는 일, 또는 그 사건.)는 밝히기가 어려우니 죄를 올바르게 밝히도록 힘쓰는 것이 천하의 선한 일이며 덕의 바탕이 된다.”

“오래 가둔 채 석방은 하지 않고 세월만 보내게 하는 것보다는 그 징역(채무)을 면제해 주고 문을 열어 내보내는 것 또한 천하가 기뻐할 일일 것이다.”

“분명하게 판단을 하고 곧 결행(결단하여 실행함)하여 막히고 걸리는 바가 없다면 이는 마치 음산하게 먹구름이 끼고 천둥 번개가 치는 하늘을 맑은 바람이 씻어내는 것과 같은 것이다."

"잘못 생각으로 그릇되게 판결한 것을 기본부터 잘못된 것임을 깨달아 감히 과실을 얼버무리지 않는다면 이 또한 군자의 행실이다."

"법으로 처벌할 수 없는 경우에는 마땅히 의로써 처단 해야 할 것이다. 악을 보고도 악을 알지 못하면 이 또한 아름답지 못한 사람의 인인 것이다."

"가혹한 관리로서 참혹하고 각박해 오르지 법조문만을 따져 그 위엄과 명백함을 드러내고자 한다면 대부분 끝이 좋지 않았다."

"사대부가 법률에 관련된 책은 읽지 않고 사부(운자를 달아 지은 한문 문장)에만 능할 뿐이니 형벌 이름(법률 용어)에는 어둡다. 이것 또한 오늘날의 나쁜 풍속이다."

"인명에 관한 옥사(반역·살인 등 중대한 범죄를 다스리는 일, 또는 그 사건.)가 예전에는 소홀했으나 지금은 엄밀(세밀한 부분에 이르기까지 빈틈이 없음)하니 마땅히 전문적인 학문에 힘써야 할 것이다."

"옥사가 일어나면 아전과 군교들이 제멋대로 횡포를 부리고 가옥을 부수고 약탈해 그 마을이 망하게 된다. 마땅히 수장으로서 우려해야 할 일이니 부임 초 이에 대한 마음의 약속이 있어야 한다."

"옥사는 그 체제가 지극히 중하니 현장 취조(범죄 사실을 알아내기 위하여 속속들이 조사함)에는 본래 형을 가하는 법이 없다. 그런데 요즘의 관장(목민관)은 법과 조례를 통달(막힘이 없이 환히 앎)하지 못해 여러 가지 형벌로 곤장을 치니 이는 크게 잘못된 것이다."

"남을 무고(없는 사실을 거짓으로 꾸며 남을 고발하거나 고소함)하여 옥사를 일으킨 것처럼 죄를 저지르고도 남에게 뒤집어 씌우려 하는 것을 도뢰라 한다. 이를 엄하게 다스려 용서치 말아야 하며 무고한 자에게는 그 죄를 적용(반좌)해야 할 것이다."

"검초(구속)한 지가 하루를 넘겼는데도 같은 날에 한 것처럼 기록하는 것은 마땅히 고쳐야 할 법이다."

현장 조사에서 여러 날이 걸린 것을 자기의 공적을 위해 당일에 한 것처럼 속이는 경우가 있다. 그러나 처음에 범죄 사실을 부인하다 최후에 진술하는 경우도 있으니, 범죄 사실을 판별하는 데에 있어서 날짜는 정확하게 기록해야 한다.

"크고 작은 옥사의 판결은 모두 기한이 있는데 시일과 해를 넘겨 늙고 수척하게 버려 두는 것은 법이 아닐 것이다."

"보고(피해자의 부상이 다 나을 때까지 가해자에 대한 처벌을 보류하는 일)의 기한은 범죄에 따라 같지 않은데 이것을 분명히 알지 못하여 논죄(죄를 논하여 형의 적용을 정함)에 공평치 못한 일이 있다."

"살인하여 몰래 매장한 경우에는 마땅히 다 파내어 검시(시체를 검사함)해야 한다. 대전(나라의 소중한 큰 의례나 법전)의 주석은 본래 잘못된 기록이니 구애될 필요는 없다."

신중히 처리해야 할 형벌에 관하여

"목민관이 형벌로 다스릴 경우에는 마땅히 3등급으로 나누어야 한다. 민사(농지에 관한 것·부역·개인적인 소송 등)에는 상등인 형벌(태형 30대)을 쓰고, 공사(납세·배로 물건을 실어 나르는 일 등)에는 중등인 형벌(태형 20대)을 쓰고, 관사(제사·빈객·조알의 예·공무 수행 등)에는 하등인 형벌(태형 10대)을 쓰며, 사사로는 일에는 형벌을 쓰지 않아야 할 것이다."

"장형(곤장으로 볼기를 치던 형벌) 군졸을 그 현장에서 노한 채로 꾸짖어서는 안 된다. 평소의 약속으로 단단히 타일러 조심하게 하고 일이 끝난 후에 그 죄과를 징계로 다스림에 반드시 믿음이 있으면 말과 얼굴빛을 바꾸지 않더라도 장형(태형)의 너그럽고 사나운 것이 뜻대로 될 것이다.”

“목민관이 집행할 수 있는 형벌은 태 50대로 자신 스스로 결정하는 것에 불과하다. 이 이상은 어떤 경우에도 형벌을 남용하는 것이다.”

“오늘날 벼슬아치들은 큰 곤장의 사용을 좋아하는데 이태와 삼장으로는 통쾌감이 부족한 까닭이다.”

태형에는 두 가지가 있다. 작은 것을 태라 하고 큰 것을 태장이라 한다. 하지만 그 실제는 모두 태형이다.

장형에는 세 가지가 있다. 작은 것은 신장(얇은 것을 법장, 두꺼운 것을 반주장이라 함.)이라 하고, 중간 것은 성장(삼성이 추국할 때 사용함)이라 하며, 큰 것은 국장(금부에서 추국할 때 사용함)이라 하는데 그 실제는 모두 신장이다.

목민관의 용형은 태 50대로 자신 스스로 결정하는 것에 불과하다. 장, 곤은 목민관이 감히 사용할 수 없다.

"형벌로써 백성을 바로잡겠다는 것은 천한 방법이다. 법을 받들어 정한 대로 다스리고 바르게 임하면 백성들은 법을 어기지 않을 것이니 형벌은 비록 없어도 좋을 것이다."

"옛날의 어진 목민관은 반드시 형벌을 완화시켰다. 그러니 역사책에 그 빛나는 이름이 남아 아름답게 향기를 발산하고 있는 것이다."

"한때의 분한 마음으로 곤장(형장)을 함부로 남용하

는 것은 큰 죄다. 열성조(열조: 역대 선왕)의 남긴 유훈(훈계: 세상을 떠난 사람이 생전에 남긴 유훈이나 교훈)이 역사의 기록으로 빛이 되고 있다."

"부녀자가 큰 죄를 짓지 않은 한 매질하는 형벌을 행해서는 안 된다. 신장(고문에 사용하는 곤장. 형장.)을 사용할 수 없는데 볼기를 치는 것은 더욱 지나친 것이다."

"노인과 어린아이를 고문해서는 안 된다고 율문(형률의 조문)에 실려 있다."

"악형(매우 가혹한 형벌)은 도적을 다스리려는 것이니 평민에게 경솔히 시행해서는 안 된다."

악형에는 난장과 주리가 있는데 난장은 신체의 부위를 가리지 않고 함부로 마구 치는 것이요, 주리는 두 다리를 한데 묶고 그 사이에 두 개의 주릿대를 끼워 비트는 것이다.

죄수를 불쌍히 여기는 것에 관하여

"감옥은 이 세상의 지옥이다. 감옥에 갇힌 죄수의 고통을 어진 사람은 마땅히 살펴야 한다."

옥중에서의 고통은 이루 다 말할 수 없다. 그 중 5가지 심한 고통이 있으니, 그 **첫째**가 형틀(차꼬: 중죄인을 가두어 둘 때 쓰던 형구의 한 가지. 긴 두 개의 나무토막으로 두 발목을 고정시켜 자물쇠로 채우는 것과 수갑을 차는 것.)의 고통이요, 그 **둘째**가 토색질(돈이나 물품을 억지로 달라고 하는 것)당하는 고통이요, 그 **셋째**가 질병의 고통이요, 그 **넷째**가 춥고 배고픈 것이요, 그 **다섯째**가 수감의 고통이다. 따라서 목민관이 된 자는 마땅히 이를 살펴야 한다.

"목에 칼을 씌우는 형벌은 후세에 생긴 것이지 선왕의 법은 아니다."

"옥중의 토색질(돈이나 물품을 억지로 달라고 하는 것)은 남이 알지 못하는 와중에 당하는 것으로 원통한 일이다. 능히 이 원통함을 살필 수 있다면 현명하다고 말할 수 있다."

감옥에서 옥졸과 오래 된 죄수가 공모하여 새로 들어온 죄수에게 온갖 잔인하고 혹독한 짓은 물론 허튼 명목을 붙여 금품을 갈취한다. 이것을 알아서 살펴야 비로소 현명한 목민관이라 할 수 있다.

"질병의 고통은 비록 조용한 집에서 편안히 살아도 오히려 견디기가 어려운 일이거늘 하물며 옥중에서야 어떻겠는가."

"감옥은 이웃이 없는 집이고 죄수는 다니지 못하는 사람이다. 한 번 춥고 굶주리게 되면 죽음이 있을 뿐이다."

"감옥에 갇힌 죄수가 나가기를 기다리는 것은 긴 밤에 새벽을 기다리는 것과 같으니 다섯 가지 고통 중 머물러 지체하는 것이 가장 큰 것이다."

"담장과 벽의 관리가 허술하여 중죄수가 탈출하면 상관으로부터 문책을 당하게 되니 공무를 수행하는 자로서 걱정할 일이다."

"설이나 명절에 집으로 가는 것을 허락해도 은혜와 신의로 이미 믿음이 생겼다면 도망가는 자가 없을 것이다."

"집을 떠나 오랜 수감(감옥에 가둠) 생활로 자녀의 생산이 끊기게 된 자는 그 마음과 바라는 바를 알아 자비와 은혜를 베풀어야 한다."

"노약자를 대신 가두는 경우에도 오히려 측은한 노릇인데 부녀자를 대신 가두는 경우에는 더욱 어렵게 생각하고 삼가야 할 것이다."

"유배된 사람은 집을 떠나 멀리 귀양 왔으므로 그 사정이 슬프고 측은하니 집과 곡식을 주어 편안하게 해주는 것 또한 목민관의 책무이다."

횡포를 금지하는 것에 관하여

"횡포와 난동을 금지하는 것은 백성들을 편안하게 하기 위한 것이요, 뛰어나게 강한 자를 치고 후리고 귀족 또는 왕의 측근을 꺼리지 않는 것은 목민관으로서 마땅히 힘써야 할 일이다."

백성들을 편안하게 하려면 세력이 있는 자를 엄중히 다스려 백성들로 하여금 그들을 두려워하지 않게 해야 한다.

강력한 세력으로는,

첫째 귀척(지체 높은 사람의 인척. 임금의 인척),

둘째 권문(권문 세가: 권세가 있는 집안),

셋째 금군(궁중을 지키고 임금을 호위하던 군대),

넷째 내신(내시: 내시부의 벼슬아치를 통틀어 이르는 말),

다섯째 토호(그 지방의 토착민으로서 양반을 떠세할 세력과 재산을 가진 사람),

여섯째 간사한 아전,

일곱째 유협(폭력을 일삼는 무리) 등이 있다.

"권문 세가에서 풀어놓은 종이 방자하게 날뛰므로써 백성들에게 해를 끼친다면 이를 금해야 할 것이다."

"금군(궁중을 지키고 임금을 호위하던 군대)이 임금의 총애를 믿고 날뛰거나 내관(내시)이 방자하게 여러 가지 구실을 대는 것은 모두 금해야 할 것이다."

"지방의 토호(그 지방의 토착인으로서 양반을 떠세한 세력과 재산을 가진 사람. 호족.)들이 무력으로 억압하는 것은 약한 백성에게 있어 승냥이(개과의 짐승. 이리와 비슷하나 더 작고 꼬리는 길며 성질은 사납다.)요, 호랑이 같은 것이다. 해가 되는 것을 제거하고 양(백성)을 살펴야만 목민관이라 할 수 있다."

"품성과 행동이 나쁜 소년(악소년. 불량 소년.)들이 협기를 부려 사납게 위협을 하고 빼앗으면 즉시 이를 막아야 한다. 막지 않으면 장차 난동을 부리게 될 것이다."

"호족(호강)들의 횡포가 백성(하민. 서민.)들에게 독을 끼치고 병들게 하는데 그 구멍이 너무도 많아 일일이 들을 수가 없다."

"간사한 무리와 음란한 행위를 일삼으며, 기생을 데리고 놀거나 창녀와 잠자는 자는 이를 금해야 한다."

"장터에서 주정을 부리며 장사하는 물품을 약탈하거나 골목에서 주정을 부리며 나이가 많은 어른(존장)에게 욕을 하는 자는 이를 금해야 한다."

"도박을 직업으로 삼거나 판을 벌이고 무리를 지어 모이는 것은 이를 금해야 한다."

"광대(배우)의 놀이, 꼭두각시(괴뢰)의 재주, 굿이나 경을 읽는 음악(나악)으로 사람을 모으고 요사스런 말로 술수을 파는 자는 모두 이를 금해야 한다."

"사적인 소와 말의 도살은 금해야 하고, 죄를 면제받기 위해 돈을 바치는 것도 옳지 않다."

"도장을 위조한 자는 그 죄의 정상을 살펴서 경중을 가려야 한다."

"족보를 위조한 자는 그 주모자에게 죄를 주고 이에 따른 자는 용서한다."

해로운 것을 없애는 것에 관하여

"백성을 위해 해로운 것을 제거함은 목민관이 마땅히 힘써야 할 일이다. 그 **첫째**는 도둑이요, **둘째**는 요사스런 귀신이요, **셋째**는 호랑이이다. 이 세 가지가 없어져야만 백성의 근심이 덜어질 것이다."

"도둑이 생기는 데에는 세 가지 이유가 있다. 위는 위엄이 있는 행실을 바르게 하지 않고, 중간은 명령을 받들어 행하지 않고, 아래는 법을 두려워하지 않기 때문이다. 그러니 아무리 도둑을 없애려 해도 될 수 없는 것이다."

윗사람의 행실이 단정치 못하다는 것은 사신이나 목민관이 법을 어기고 재물을 탐하는 것이다. 그러니 중간에 있는 자 역시도 명령을 듣기는커녕 백성의 고혈을 빨아먹기에 급급해 아랫사람을 단속할 수 없다는 것이다.

"임금의 어진 뜻을 따라 그 죄악을 용서하고 형벌을 면제해 주므로써 지나간 과거를 버리고 스스로 새롭게 하여 저마다 본래의 직업으로 돌아가게 하는 것이 상책이다."

"이와 같이 한 후에야 행실을 고쳐 자취를 감추고 길에서 남이 잃은 것을 줍지 않으며, 장차 부끄럽게 여겨 바르게 될 것이니 또한 선한 일이 아니겠는가."

　"간교한 호족들이 서로 모여 악을 행하고 고치지 않으면, 굳세게 위협하고 부딪쳐 근절시키므로써 백성들을 편안하게 하는 것도 그 차선책일 것이다."

　"현상금을 걸거나 죄를 용서해 주겠다는 약속을 하므로써 서로 잡아들이게 하고 서로 고발하게 하여 잔멸(쇠잔하여 다 없어짐)에 이르도록 하는 것이 또한 그 다음 방법일 것이다."

　"붉은 빛깔의 먹을 옷 표면에 묻혀서 표시하는 것과 같이 벼와 가라지(벼와 비슷한 잡초)를 가려서 호미로 뽑는데 이 또한 작은 술수인 것이다."

　붉은 빛깔의 먹으로 그 옷에 표시하는 것은 예전서부터 있었던

이야기다(성창이라는 사람이 현령으로 있을 무렵 도둑 수백 명이 관가의 곳간에 침입했다. 이때 성창은 나무 뒤에 숨어서 그들의 옷에 붉은 빛깔의 먹을 뿌려 표시해 둔 뒤 다음날 잡게 했다.). 이 또한 시험에 볼 만한 일이다.

"수레를 상여로 위장해 운반하는 것은 도둑들이 늘 쓰는 수법이니 거짓 죽음에 슬퍼하는 것인지를 살펴 도둑이 모르게 조사하는 것 또한 작은 술수인 것이다."

"지혜를 활용하고 꾀를 써서 깊은 곳에 있는 것을 갈고리로 낚아내고 숨긴 것을 들추어내는 일은 오직 능한 자만이 할 수 있는 것이다."

"이치를 살피고 일을 분별하면 어떤 경우도 그 일 처리에 있어 사실을 숨기지 못하는 것이니 오직 밝은 자만이 할 수 있는 것이다."

"흉년에는 젊은이들이 해를 끼치는 일이 많은데 하찮은 좀도둑은 크게 징계하지 않아도 된다."

"평민을 잘못 잡아다가 얽어서 도둑으로 만드는 수가 있는데 능히 없는 죄를 살펴서 누명을 벗기고 다시 양민으로 만들어 준다면 이를 어진 목민관이라 할 수 있다."

"넉넉한 백성을 잡아다가 무고(없는 사실을 거짓으로 꾸며 남을 고발하거나 고소함)하여 함부로 혹독하게 형벌을 가하는 것은 도둑을 위해 원수를 갚아 주는 일이며 아전과 교졸을 위해 돈을 벌게 해 주는 것이다. 그러니 이를 일러 혼미(정신이 헛갈리고 흐리멍텅함)한 목민관이라 할 것이다."

도둑이 잡히면 엉뚱하게 평소 원한이 있는 사람을 일당이라고 무고하여 끌어넣는 경우가 있다. 그러니 목민관은 이를 잘 살펴야 한다.

"귀신붙었다고 홀려 변고(괴이쩍은 사고)를 이끌어 가는 것은 무당의 짓이다. 그 무당에게 벌을 주고 그 집(신당)을 헐어야만 귀신들린 곳이 없어질 것이다."

"부처나 귀신을 끌어들여 요사스런 말로 대중을 현혹시키는 자는 제거해야 한다."

"잡물(하찮은 여러 가지 물건)에 귀신이 붙었다는 요사한 말로 어리석은 백성을 속이는 자는 제거해야 한다."

"호랑이나 표범이 사람을 물고 자주 소나 돼지를 해칠 때에는 틀·노(화살이나 돌을 잇달아 쏠 수 있게 만든 장치)·함정을 설치해 짐승을 잡으면 그 우환을 막을 수 있을 것이다."

공적 행정 관리의 **6**가지

산림에 관하여

"산림은 나라에 바칠 공물과 세금이 나오는 곳이기 때문에 옛날의 훌륭한 임금들은 산림 행정을 중요시했다."

"나라에서 지정하여 벌채(나무를 베어 내고 섶을 깎아 냄)를 금지한 산은 소나무의 벌채를 엄중히 금했으므로 목민관은 마땅히 삼가야 하고, 아전들의 농간으로 인해 폐단이 있으면 당연히 세세하게 살펴야 한다."

속대전에 보면 '각 도의 황장목(임금의 관을 만드는 데 쓰이는 질이 썩 좋은 소나무)을 키우는 봉산(나라에서 벌채를 금지한 산)에는 경차관을 파견하고, 경상도와 전라도에서는 10년에 한 번씩, 강원도에서는 5년에 한 번씩 재궁(임금의 관) 재목을 벌채한다.' 또한 '각 도의 봉산에서 금지된 소나무를 벤 자는 중죄로 다스린다.'라고 씌어 있다.

"사양산(사유림: 개인적으로 나무를 기르는 산)에 대한 금지
는 그 사적인 벌채에 관한 규제가 봉산의 경우와 같다."

　개인이 산에 나무를 기르는 것은 어디까지나 개인이 필요할 때 쓰
기 위한 것이다. 그 벌채를 봉산과 같이 한다면 어느 누가 나무를
기를 것인가. 그리하고도 산을 가꾸라 하면 오히려 가꾸지 않아 연
해의 산이 모두 벌거숭이가 될 것이다. 그러므로 목민관이 이런 일
을 당하면 마땅히 백성의 처지를 잘 살펴서 자기 나무를 벌채한 자
에게는 가혹하게 하지 말아야 한다.

　"봉산의 소나무는 차라리 썩어서 버릴지언정 사용하
기를 청해서는 안 된다."

　"황장목(임금의 관을 만드는 데 쓰이는 질이 썩 좋은 소나
무)을 끌어내리는 부역에 농간하는 폐단이 있으니 마땅
히 살펴야 할 것이다."

　황장목을 벌채해서 끌어내리는 날에는 여러 고을에서 백성들을

동원하는데 병들고 가난한 자만이 부역에 동원되어 고초를 겪는다. 목민관은 그와 같은 아전들의 농간을 살펴 엄하게 단속해야 한다.

"장사꾼(상고)들이 금지된 송판(소나무 판자)을 몰래 실어내는 것은 이를 금해야 한다. 삼가 법을 준수하며 재물에 청렴해야만 옳은 것이다."

"소나무를 심고 가꾸어 기르라는 것이 비록 법조문에 있기는 하나 잘 해치지만 않는다면 무엇 때문에 다시 심는단 말인가?"

"여러 가지 나무를 심어 가꾸는 행정은 또한 쓸데없는 법일 뿐이다. 스스로 헤아려 보아서 오래도록 재임할 수 있다면 마땅히 법전에 준하여 식목해야겠지만 빨리

바뀔 것을 안다면 스스로 노력하지 않을 것이다."

"영애(적이 침입해 오는 길목의 요충지)의 땅에 나무를 기를 때에는 엄중한 규칙이 있으므로 마땅히 삼가 지켜야 할 것이다."

"산허리(산 둘레의 중턱)에 경작을 금하는 법은 마땅히 측량을 해서 정해야 된다. 풀어서 느슨해도 안 되고 또한 굳게 지켜서도 안 된다."

높은 산과 낮은 산을 가리지 않고 일률적으로 산허리를 말한다는 것은 너무나 막연한 법이다. 그처럼 법이 분명치 못하면서 백성들에게 법을 지키라고 하면 이는 이치에 맞지 않는 것이다. 따라서 목민관은 마땅히 평지로부터 200장(길이의 단위. 1장=10척=3.03m)이라든지 300장(길이의 단위. 1장=10척=3.03m)이라든지 기준을 만들어 백성들이 그 법을 지킬 수 있도록 만들어 주어야 한다.

"서북(서쪽으로 황해도와 평안도, 북쪽으로 함경 남북도.) 지방의 인삼과 담비(족제비과의 동물. 모피는 귀해서 아주 비쌈.) 가죽에 대한 세금은 마땅히 너그럽게 해야 하고, 혹 법을 어기더라도 마땅히 관대하게 다스려야 할 것이다."

"동남 지방에서 인삼으로 거두는 공납(백성이 지방에서 나는 특산물을 현물로 조정에 바치던 일)의 폐단이 해마다 늘어나고 날로 더해진다. 마음을 다하여 헤아리고 살펴서 과중하게 거두어들이지 않도록 해야 할 것이다."

"금·은·동·철이 예전부터 있던 광산은 그곳에 간악한 무리가 모여 있지 않는가를 살펴야 하고 새로 채광(광석을 캐냄)하는 자에게는 풀무(불을 피울 때 바람을 일으키는 기구)와 제련(광석이나 원료를 용광로에 녹여서 함유 금속을 뽑아 내어 정제함)을 금지시켜야 한다."

"지방에서 나는 보물을 번거롭게 채굴하여 백성들을 괴롭게 하는 일(계획에도 없는 부역)은 없어야 할 것이다."

"금을 캐는 법에 또 새로운 방법이 있으니 진실로 조정의 명령이 있다면 시험해도 무방할 것이다."

하천과 연못의 관리

"하천과 연못은 농사에서 얻을 수 있는 이익의 근본이 되는 것이니 옛날의 어진 임금은 하천과 못에 대한 행정을 소중히 여겼다."

"하천이 흘러서 고을을 지나가면 도랑을 파고 물을

끌어들여 논에 댄다. 그리고 백성들로 하여금 국유 농지(공전)를 경작하게 하여 부역을 보충하는 것 또한 선정인 것이다."

"차례로 옛날 역사를 보니 훌륭한 목민관의 치적(나라나 고을을 잘 다스린 공적)은 모두 이 일에 있었다."

"만일 지형을 살펴보지 않고 함부로 수로를 뚫었다가 그 일이 성취되지 못하면 도리어 웃음거리가 된다."

"작은 것을 못과 늪(지소)이라 하고 큰 것을 호수(호택)라 한다. 그 막은 것을 방축(파) 또는 제방(제)이라고 하는데 이는 물을 조절하기 위함이다. '역경(주역: 삼경의 하나. 음양의 원리로 천지 만물의 변화하는 현상을 설명하고 해석한 유교의 경전.)'은 못(택)에 물이 있는 괘상(길흉을 상징

하는 괘의 모양)을 절이라고 했다."

'역경'의 절괘(물 가운데 못이 있음을 상징함)는 못에 물이 있으니 그 못의 크기가 정해져 있어 물을 모아 두는 데 한계가 있고, 물의 양에도 한도가 있기 때문에 무한히 쓸 수 없다. 물을 모아 두는 것이나 사용하는 것에도 절제가 필요하다는 뜻이다.

"동쪽의 나라(우리 나라)에는 이름난 호수가 7, 8개 있고 나머지는 모두 좁고 작다. 그것도 잡초가 우거지고 수축되지 않았다."

우리 나라에는 잘 알려진 큰 못이 있다. **상주**의 **공검지**(공갈못), **제천**의 **의림지**, **당진**의 **합덕지**, **광주**의 **경양지**, **연안**의 **남대지** 등이 있는데 오늘날 방치되고 있으니 이는 목민관의 책임이다.

"토호(그 지방의 토착민으로서 양반을 떠세할 세력과 재산을 가진 사람. 호족.)와 귀족들이 물의 이용권을 독점하여 오로지 자기네 논에만 물을 대는 것은 엄금해야 한다."

"만일 바닷가를 따라 조수가 안으로 들어오는 것을 막을 수만 있다면 기름진 땅을 얻을 수가 있다. 이에 막은 둑을 해언(바다 둑. 바다 가까이에 쌓은 제방.)이라 한다."

"강과 하천의 가장자리에 해마다 물이 들이닥쳐 넘치니 큰 걱정거리이다. 그런 곳은 제방을 만들어서 그들이 안정적으로 살 수 있게 해야 한다."

"뱃길이 통하는 곳과 상인의 무리가 모여드는 곳은 그 범람하는 것을 넘치지 않게 잘 흐르도록 하고 제방을 견고하게 하는 것 또한 잘하는 일이다."

"못에서 생산되는 물고기, 자라, 연, 마름(연못이나 늪 등에 남. 뿌리는 흙 속에 내리고 줄기는 길게 자라 물위에 뜨며 여름엔 흰 꽃이 핌. 가시가 있고 네모진 열매는 먹을 수 있으며, 민

간에서 약재로 쓰임.), 부들(늪이나 연못가에 남. 여름에 누른 꽃
이 이삭 모양으로 핌. 한방에서 꽃가루를 '포황'이라 하여 지혈이
나 이뇨제로 씀.) 등을 맡기고 엄히 지켜서 부역(민역)으로
보충한다. 이때 스스로 거둬들여 자신만 양생(건강의 유
지와 증진에 힘씀)하면 안 된다."

관사 수리에 관하여

"관아의 사옥이 기울거나 무너져서 위로는 비가 새고
옆으로는 바람이 들어오는 데도 수리하지 않아 무너지
고 훼손되도록 버려 두는 것 또한 목민관의 큰 허물인
것이다."

관아가 무너지는 데도 돈이나 벼슬에 눈멀어 수리를 게을리 하는
것은 목민관으로서 큰 잘못이다.

"'대명률'에는 함부로 공사의 시작을 금하는 조항이

있으며, 나라에는 사사로이 건축하는 것을 금하는 규정이 있다. 그런데 전임자들은 여기에 구애받지 않고 스스로 수리를 계획했다."

조선 초기에는 사사로이 관사를 영선(건물을 짓거나 수리하는 일)하지 못하게 법으로 금했다. 그 이유는 탐욕하는 관리들이 영선비를 빼돌렸기 때문인데, 청렴한 관리들은 법을 어기면서까지 영선했다. 그때 그 사적물들이 잘 보존되고 후대에 기록으로 남게 된 것은 아마도 청렴한 관리들의 공이다.

"누각(사방이 탁 트이게 높이 지은 다락집)이나 정자 등은 편하게 볼거리를 주는 곳으로 고을에 없어서는 안 될 것이다."

"아전과 군교와 노비의 무리도 마땅히 부역에 나가야 하며 중을 모아 일을 돕게 하는 것도 또한 한 가지 방법일 것이다."

"재목(재료로 쓰이는 나무)을 모으고 기술자를 모집할 때에는 전반적으로 헤아려 생각해야 한다. 따라서 폐단이 생길 구멍부터 먼저 막지 않을 수 없고, 품삯(노비: 노동의 대가로 주는 돈)도 생각하지 않을 수 없는 것이다."

"관아의 수리가 이미 잘되었으면 꽃을 가꾸고 나무를 심는 것 또한 맑은 선비의 자취인 것이다."

성을 수축(건축물을 고쳐 짓거나 고쳐 쌓음)하는 것에 관하여

"성을 고치고 호(성을 따라 깊은 연못을 만들어 적의 접근을 막는 것)를 파서 국방을 굳게 하고 백성을 보호하는 것 또한 영토를 지키는 자의 직분인 것이다."

"전쟁이 일어나고 적이 이르러서 급한 때가 오면 성

을 쌓는 데에 있어서 마땅이 그 지세(지형)를 살피고 백
성들의 사정과 형편에 따라야 한다."

"성을 쌓는 데에 있어서 때를 맞추지 않으면 성을 쌓
지 않는 것만 못하다. 반드시 농한기(농사일이 바쁘지 않은
시기)에 하는 것이 옛날의 법이다."

"옛날의 축성(성을 쌓음)이라고 일컫는 것은 흙으로 쌓
는 성이다. 변란을 당하여 적을 방어함에 있어서는 토성
만한 것이 없다."

"보원(몸을 숨겨 적을 공격할 수 있도록 하기 위해 성 위에
덧쌓은 낮은 담. 성가퀴.)을 만드는 것은 윤경보약(윤경이 지
은 것으로 보원에 대한 것이 씌어 있음)에 따라야 하나 그 보
원(지첩. 성가퀴.)과 적대(망대. 망루.)의 제도는 마땅히 좋

게 다듬고 더해야 할 것이다."

"평상시 성의 담을 수리함에 있어서 나그네들을 관광하게 하려면 마땅히 옛날 것을 따라 돌로 보수해야 한다."

도로에 관하여

"도로를 닦고 수리해서 다니는 행인으로 하여금 그 길로 다니기를 원하게 만드는 일 또한 어진 목민관의 정사인 것이다."

"교량은 사람을 건너게 하는 시설이다. 날씨가 추워지면 마땅히 설치해야 할 것이다."

"나루터에 배가 빠짐이 없으며 역마을에 이정표(후: 거리 단위를 표시하려고 흙을 쌓아올린 단. 5리〈2km.〉마다 거리 단위를 기록해 놓았다.)가 빠진 곳이 없으면 크게 상인이나 행인들이 좋아할 것이다."

"전임(다른 관직이나 임무, 또는 임지로 옮김. 이임. 천임.)으로 인해 객점(여점: 길손이 음식이나 술 따위를 사먹고 쉬어 가거나 묵어 가는 집. 주막.)에서 객점으로 물건을 져 나르지 않고, 고개에서 고관의 가마를 메지 않게 되면 백성들이 어깨를 쉴 수 있을 것이다. 객점(주막)에서 간악한 자를 숨기지 않고 참원(역마을에 있는 관아)에서 함부로 음탕한 행동을 하지 않는다면 백성들의 마음이 맑아질 것이다."

"길에 황토를 깔지 않고 길가에 횃불을 세워 두지 않는다면 가히 예를 안다고 할 수 있을 것이다."

도로 한가운데 황토를 깔고 횃불을 세우는 것은 임금의 행차 때나 하는 것이다. 그런데 감사의 순회에 이처럼 하는 것은 베푼 자의 아첨이 되고 그것을 받은 자는 분수에 맞지 않는다는 것이다.

장인이 기물을 제조하는 것에 관하여

"공작(물건을 만드는 일)을 번거로울 정도로 일으키고
기교가 있는 자를 다 모으는 것은 탐
욕을 드러내는 것이다. 비록 온갖 기
술자를 두루 갖추고 있다 하더라도
절대로 이(자기 개인의 일에 쓰는 물건)
를 제조하지 않아야 청렴한 조정(정
부)의 선비라 할 수 있다."

"설령 기물을 제조하는 일이 있을지라도 탐욕스럽고
추한 마음이 살림에 쓰이는 온갖 기물(그릇)에까지 두루
미치게 해서는 안 된다."

"무릇 기물을 제조하는 데에는 마땅히 인첩(관인을 찍은 증서)이 있어야 한다."

관에서 기물을 제조할 때 그 기회를 악용하는 아전이나 관노들이 있으므로 반드시 인첩에 따라 그것을 제조해야 한다.

"농기구를 제작하여 백성들에게 경작을 권장하며 베 짜는 기구를 만들어서 부녀자들에게 길쌈(자연 섬유를 원료로 하여 피륙을 짜는 일. 방적.)을 권장하는 것은 목민관의 직무인 것이다."

백성들에게 농업을 권장하고 부녀자들에게 길쌈을 권장하기 위해서는 목민관으로서 농기구나 방적기를 만드는 일에 응당 힘써야 한다.

"농사에 쓰이는 수레(전거)를 만들어서 농사를 권장하고 전쟁에 쓰는 배(병선)를 만들어서 전쟁에 대비하는 것은 목민관의 직무인 것이다."

농사에 쓰이는 수레는 풀을 운반하고 분뇨(똥오줌)를 실어내고 곡식을 운반하는 기구로써 농사에 큰 도움이 되는 것이니 이것에 대한 제작에 힘써야 한다. 그리고 배를 만들어 외부로부터 쳐들어오는 적을 막을 수 있게 항시 대비하지 않으면 안 된다.

"벽돌 굽는 법을 익히게 하는 한편으로 기와도 구워서 고을 안을 모두 기와집으로 만드는 것 또한 선정이다."

"되(곡식이나 액체 따위의 분량을 헤아리는 단위. '말'의 10분의 1, '홉'의 10배임. 약 1.8리터.)와 저울이 집집마다 다른 것은 어찌할 수 없으나 모든 창고와 모든 시장의 것은 마땅히 같게 해야 한다."

도량형이 일정치 않으면 아전과 상인의 농간을 원천적으로 막을 수 없게 되는데, 결국 이 피해는 백성들에게 돌아간다. 그러니 이것을 법에 따라 일치시켜야만 백성들의 피해를 줄일 수 있다.

기근으로부터 구제해야 할 **6**가지

근본적인 준비를 위하여

"기근을 구제하는 정책(황정)은 선왕이 마음을 다한 바이니 목민관의 재능을 여기에서 볼 수 있다. 기근의 구제를 잘하면 목민관이 해야 할 일은 다했다고 할 수 있는 것이다."

"흉년이 든 해에 백성들을 구제하는 정책(구황지정)은 미리 준비하는 것뿐이 없다. 미리 준비해 두지 않는다면 모두가 구차할 따름이다."

미리 준비하여 정사를 돌보는 것에는 두 가지가 있다. 그 하나는 조세로 받은 곡식을 잘 보관하는 것이고, 또 하나는 풍년에 싼 가격으로 곡식을 사들여 흉년에 대비하는 것이다. 목민관은 이러한 대비를 빈틈없이 해야 한다.

"곡식의 현황을 기록한 장부(곡부) 가운데는 따로 진

휼을 위해 비축해 둔 빈민 구제용 곡식(진곡)이 있으니 본 현에서 비축한 진곡의 유무와 허실을 마땅히 서둘러서 조사해야 한다."

감사가 흉년에 대비해 놓은 곡식을 영진곡이라 하고, 목민관이 대비해 놓은 것을 사비곡 또는 자비곡, 사진곡이라 하는데 평소에 비축해 둔 곡식과 관청에서 사들인 곡식의 많고 적음을 조사하여 흉년에 대비해야 한다.

진곡(진휼을 위해 비축해 둔 빈민 구제용 양곡)의 종류

군자곡: 임금이 구제를 목적으로 사용할 비축미.

상진곡: 호조에서 구제를 목적으로 사용할 비축미.

영진곡: 감사가 구제를 목적으로 사용할 비축미.

사비곡: 목민관이 구제를 목적으로 사용할 비축미.

교제곡, 제민곡, 산산곡: 이웃 도끼리 서로 구제를 목적으로 사용할 비축미.

"그 해의 농사가 이미 판정이 나면 급히 감영에 알려서 곡식의 이전을 논의하고 조세 감면도 논의해야 한다."

"멀리 떨어진 도로부터 곡식을 옮겨 오는 것은 이곳(본지: 자기가 살고 있는 곳)에 물자를 두는 것만 못하다. 양쪽이 다 편하게 하는 정사를 마땅히 논의해서 상급 기관에 청해야 할 것이다."

"진휼(고아나 과부 등 어려운 사람을 불쌍히 여겨 구제함)에 보태는 모든 물건은 궁중에서 임금이 나누어 주는 것이니, 선조가 하던 일을 따라서 하는 정사(정치에 관한 일. 행정에 관한 일.)가 마침내 선례가 되었다."

"임금의 은혜가 고르다고는 하지만 이는 오직 어진 목민관만이 능히 승수(윗사람의 명령을 받들어 이음)하여 얻을 수 있는 것이다."

"어사가 내려오는 것은 진휼을 관리하고 살피려는 것이니 응당(마땅히) 급히 가서 뵙고 진휼에 관한 일을 의논해야 한다."

"이웃 고을에 곡식이 있으면 마땅히 나서서 사들이는 것이 좋다. 모름지기 조정의 명령을 기다리기 전이라 해도 중단하지 말아야 할 것이다."

"강이나 바다의 포구(배가 드나드는 갯가의 어귀)가 있는 경우에는 모름지기 저점(점방. 상점.)을 살피고 그 횡포를 금하여 상선이 모여들게 해야 한다."

포구에 장사하는 배가 들어오면 점포 주인과 말질(마질: 곡식을 말로 되는 일)하는 사람이 제멋대로 값을 깎는다든지, 관교와 아전의 횡포 때문에 장사꾼들이 포구에 들르지 않아 쌀값이 오르는 경우가 있다. 그러니 목민관은 점포를 잘 단속해야 한다.

"조정의 명령을 기다리지 않고 편의에 따라 곡식 창고를 여는 것은 옛날의 법이요, 사신(중앙에서 왕명을 띠고 온 관원. 진휼사.)이 행할 일이다. 어찌 감히 본받을 수 있겠는가."

옛날의 의란 진나라 곽묵을 생각하고 한 말이다. 곽묵이 동군태수로 있을 당시 흉년이 들자, 그는 굶주린 백성들을 먼저 구제한 뒤 스스로 글을 올려 죄를 청했다 한다. 하지만 황제는 그의 결단을 높이 칭찬했다. 그렇다고 해도 이러한 융통성을 보이기보다는 원칙에 충실해야 한다.

곡식 나누기를 권함에 있어서

"권분(흉년이 들었을 때 농민을 구제하기 위해 곡식이나 재물을 내놓거나 직접 나누어 주도록 권하는 일)의 법은 멀리 주나라 때부터 시작된 것이다. 그러나 세상이 그릇되고 정치가 퇴색하여 이름과 실상이 같지 않으니 지금의 권분은 옛날의 권분이 아니다."

권분 정책이란 흉년이 들었을 때 부유한 백성들로 하여금 굶주리는 백성들에게 여분의 곡식을 나누어 주도록 권하는 정책이다.

"중국의 권분법은 곡식 팔기를 권하는 것이지 굶주리는 백성들에게 먹이기를 권하는 것이 아니며, 베풀기를 권하는 것이지 바치는 것을 권한 것이 아니요, 모두 자신이 먼저 실행하는 것이지 입으로만 말하는 것이 아니다. 모두 상을 주어 권했던 것이지 위협한 것이 아니다. 그러므로 지금의 권분이란 지극히 예에 어긋난다."

근본적으로 권분이란 흉년이 들었을 때 목민관인 자신이 먼저 백성들에게 가진 것을 나누어 주어 구휼(빈민이나 이재민 등을 돕고 보살핌)하는 것인데, 지금의 목민관은 돈 한 푼 내지 않으면서 백성들에게만 강제로 바치게 하니 이는 예가 아니다.

　"오동(우리 나라가 동쪽에 있다는 뜻에서 우리 나라를 일컫는 말)의 권분법은 백성들로 하여금 곡식을 바치게 해 모든 백성에게 나누어 주는 것이다. 비록 옛날의 법은 아니나 이미 관례가 되었다."

　"역참에 관한 일을 맡아보던 외직 문관(찰방)과 각 관아의 낭관(별좌)은 관에서 갚아 준다. 그것은 고사(옛날부터 전해 내려오는 일)로써 그 사실이 역사책(국승)에 실려 있다."

"장차 부잣집(요호)을 가리려면 3등급으로 나누고, 3등급 안에서도 또한 각각 세부적으로 나누어야 한다."

상등급: 무상으로 나누어 주기를 권함.

중등급: 가을 추수 때 곡식으로 회수할 것을 권함.

하등급: 값을 받고 팔 것을 권함.

"이에 고을의 신망있는 사람을 뽑아 날을 정해 주고 불러모아 공론(공의: 사회 일반의 여론)으로 가려 부잣집(요호)을 정한다."

"권분이라는 것은 그 스스로 나누어 주도록 권장하는 것이다. 스스로 나누어 주기를 좋아한다면 관의 힘이 크게 덜어질 것이다."

"권분의 명령이 내리면 부유한 백성은 물고기처럼 놀

라고 가난한 선비들은 파리처럼 모여들 것이니, 정치적
으로 가장 중요한 일에 있어서 진실하지 않으면 그 시절
(무슨 일을 하는 데에 좋은 시기 · 기회 · 세상.)을 탐하여 자기
것으로 삼는 자가 있을 것이다."

"굶주림(기아)으로 인하여 물건을 도둑질한다는 말이
변방에 들리면, 재앙이 백성의 자손에게까지 전해질 것
이니 절대로 맘속에 싹트게 해서는 안 된다."

"남쪽 지방의 여러 절에 혹 부유한 중이 있으면 그들
의 곡식을 거두어들여 산 주변을 구제(구휼)하고 속세의
친족들에게 인을 베풀게 하는 것도 또한 마땅히 해야 할
일인 것이다."

계획성이 있는 씀씀이에 관하여

"진휼하는 데에는 두 가지 관점이 있으니 **첫째**는 시기에 맞추는 것이요, **둘째**는 규모가 있어야 한다. 불에서 구하고 물에 빠진 것을 건지는데 어찌 그 시기를 늦출 수 있으며, 여러 사람을 다스리고 물건을 고루 나누어 줌에 있어서 어찌 규모가 없을 수 있겠는가."

대개의 경우 가뭄의 피해는 온나라가 그 화를 입게 된다. 따라서 곡식을 나누어 줄 때에는 시기에 맞추어 공평하게 하라는 것이다.

"무릇 빈민 구제를 위하여 곡식을 싼 값으로 파는 것(진조)과 같은 법은 우리 나라의 법에도 없는 것이지만, 목민관이 개인적으로 사들인 쌀이 있다면 또한 가히 행하도록 한다."

"그 진장(구제소)을 설치함에 있어서 작은 고을은 한

두 곳에 그칠 것이요. 큰 고을은 모름지기 10여 곳에 이를 것이니 이는 바로 예날의 법이다."

굶주린 백성을 먹일 장소는 적절히 설치하여 그들이 멀리 가는 괴로움을 겪지 않게 해야 한다.

"어진 사람이 진휼(곤궁한 백성을 구원하여 도와주던 일) 하는 것은 불쌍히 여기기 때문이다. 내가 딴 곳에서 들어오는 자는 받아들이고 내 고을에서 떠나려는 자는 머무르게 하여 피차 너라는 경계를 없애야 한다."

어진 목민관일수록 흉년이 들면 재물을 내어 곤궁한 백성을 구제해야 하는데 이웃에서 들어오는 자들까지도 차별없이 구제해야 한다.

"요즘의 유민(고향을 떠나 낯선 땅을 떠돌아다니는 백성) 들은 떠나가더라도 돌아갈 곳이 없으니 오직 측은히 여겨 경솔한 행동을 못하게 막아야 한다."

사람이 굶주리게 되면 무작정 살 곳을 찾아 고향을 버리고 타지로 떠나려는 경향이 있다. 목민관은 이와 같은 백성을 살펴 고향을 버리는 일이 없도록 간곡히 설득해야 한다.

"분조(곡식을 싼 값으로 팔되, 식구 수에 따라 곡식을 나누는 것.) · 분회(곡식을 무상으로 지급하되, 식구 수에 따라 곡식을 나누는 것.) 방법은 마땅히 널리 옛날의 법전을 상고(서로 견주어 고찰함)하여 법식으로 취해야 할 것이다."

"굶주리는 가구를 가려내어 3등급으로 나누고 그 상등을 또 3급으로 다시 세분하되, 중등과 하등은 각각 한 등급으로 한다."

굶주린 정도를 구분하여 형편껏 진휼(관아에서 흉년에 곤궁한 백성을 구원하여 도와주던 일. 진구.)해야 한다.

상등급: 굶주림의 정도가 가장 심한 사람.

중등급: 사정이 비록 절박하다 하나 봄에 농사를 지어 가을에 빌린 곡식을 갚을 수 있는 사람.

하등급: 당장은 곡식을 구하지 못해서 굶주리고 있기는 하나 약간의 재화로 곡식을 살 능력이 있는 사람.

구호소 설치와 베푸는 것에 관하여

"진청(굶주리는 백성에게 곡식을 나누어 주기 위해 설치한 관아)을 설치하고 감리(감독하는 아전)를 둔다. 그리고 세 발이 달린 가마솥이나 소금·장·미역·마른 새우 등을 갖추어 놓는다."

"찧지 아니한 곡식을 까불러(까부르다: 키 끝을 위아래로 추슬러 잡것을 날려 보내다.)서 그 실제 수량을 알고 이에 굶주린 사람의 수를 세어 그 실제 수량를 정한다."

조정에서 내려 준 곡식과 감영에서 보내온 곡식들은 겨나 껍질이 많이 섞여 있으므로 키로 까불러서 실제적인 수량을 일일이 파악하고 소금ㆍ장(간장ㆍ된장ㆍ고추장을 통틀어 이르는 말)ㆍ미역(해채) 등도 식구 수에 맞게 분배한다.

　

"이에 굶주리는 백성에게 곡식을 받을 수 있게 하는 목패 증서(진패)를 만들고, 곡식을 받을 때 찍는 도장(진인)을 새기고, 곡식을 받을 때 조직의 표시로 사용되는 기(진기)를 만들고, 나누어 줄 때 쓰는 말과 되(진두)를 만들고, 진장 출입을 허가하는 패(혼패)를 만들고, 매일의 계획과 진행 상황을 기록하는 장부(진력)를 잘 정리한다."

　목민관은 굶주린 백성이 진장에 들어올 때 진패를 확인한 후 장부에 도장을 찍고 마당에 나가 먹을 수 있게 하는 절차를 확실히 한다.

　

"소한(이십사 절기의 하나. 동지와 대한 사이로, 1월 6일경임.) 열흘 전에 굶주린 백성을 구제하기 위한 조례와 장부 한 벌을 만들어 모든 향리에게 나누어 준다."

"소한에는 목민관이 일찍 일어나서 왕의 위패가 모셔져 있는 전각에 나아가 우러러 배례하고 이어 굶주린 백성이 모여 있는 장소(진장)로 나가 죽을 주고 음식을 나누어 준다."

목민관은 소한이 되면 왕의 위패에 예를 행한 후 굶주린 백성이 있는 장소로 가서 죽이 묽은가, 싱겁고 짠가, 미역의 양은 적당한가, 새우는 들어갔는가 등등 자세히 살펴 소홀함이 없게 해야 한다.

"입춘(이십사 절기의 하나. 대한과 우수 사이로, 2월 4일경. 이 무렵에 봄이 시작된다고 함.)에는 장부(진력)를 바로잡고 진패를 정리하여 그 규모를 대폭 정비한다. 경칩(이십사 절기의 하나. 우수와 춘분 사이로, 3월 5일경.)에는 대여곡(진대)을 나누어 주고, 춘분(경칩과 청명 사이로, 일년 중 낮과

밤의 길이가 꼭 같음. 3월 21일경.)에는 곡식을 팔아 나누어 주고, 청명(양력 4월 5~6일경)에는 종자 대곡을 나누어 준다."

입춘이 오면 나누어 준 곡식으로 인해 복잡해진 장부를 정리하고, 경칩(이십사 절기의 하나. 우수와 춘분 사이로, 3월 5일경.)에는 농사일이 시작되므로 먹을 것을 꾸어 주며, 청명(이십사 절기의 하나. 춘분과 곡우 사이로 양력 4월 5~6일경.)에는 씨 뿌리는 일(파종)이 급하므로 종자를 꾸어 준다.

"떠돌며 걸식하는 자는 천하의 곤궁한 백성으로서 하소연할 곳이 없는 자이니 어진 목민관이라면 마음을 다해야 할 것이며 소홀히 할 수 없다."

관아는 일반적으로 백성을 구제하려 하지 거지를 구제하려 들지 않으니 거지는 밥 한술도 얻어먹지 못하는 경우가 허다하다. 따라서 목민관은 거지들에게도 베풀어야 한다.

"죽은 자의 명부는 평민과 기민(굶주리는 백성)을 각각 한 부씩 만들어야 한다."

"기근(흉년으로 식량이 모자라서 굶주리는 상태)이 든 해에는 반드시 전염병이 퍼지니 구제와 치료 방법을 찾고 거두어 묻는 일에 마땅히 마음을 다해야 할 것이다."

전염병이 발생하면 목민관은 즉시 약을 나누어 주고 이웃 고을과 긴밀히 연락을 취해 예방을 강구한다. 또한 죽은 자는 신속하게 매장하여 전염병 방지에 최선을 다한다.

"갓난아이를 버리면 거두어 길러서 자녀로 삼으며, 떠돌아다니는 어린아이를 길러서 노비로 삼는 것은 다 같이 응당 국법에서 밝힌 것이다. 따라서 상호(연호법의 한 등급. 서울에서 현재 재임하는 일·이품 벼슬아치의 집. 시골에서는 식구 15인 이상의 집을 이름.)에게 알아듣도록 설명해야 한다."

보조하는 것에 관하여

"일년 동안에 있어서 흉년이 들 것이라고 이미 판단이 서면 마땅히 정비하여 논을 밭 대신으로 하고 일찍이 다른 곡식을 심어야 하며, 가을에는 보리 심기를 거듭 권장해야 한다."

목민관은 흉년시 구제에 힘쓸 것이나 흉년이 예상되는 해에는 기아의 극복을 위해 구황 작물(흉년 때, 곡식 대신 가꿀 수 있는 작물. 감자 · 피 · 메밀 따위.)을 재배토록 지도해야 한다.

"구황(흉년 때, 빈민들을 굶주림에서 벗어나도록 도와줌.)할 수 있는 풀로써 백성들의 식량에 보충될 수 있는 것은 마땅히 좋은 품종으로 가려 성균관(학궁)의 여러 유생들에게 몇 가지 종류만을 골라 각각 전하도록 해야 할 것이다."

"흉년에는 도둑을 막는 행정에 힘써야 할 것이며 이를 소홀히 해서는 안 된다. 사정을 알고 나면 불쌍해서 죽일 수 없는 일이다."

굶주림으로 인해 그들이 남의 곡식을 약탈한 경우, 가혹한 형벌을 금하고 예방에 힘써야 한다.

"굶주린 백성들이 방화를 하는 수가 있는데 이는 마땅히 엄금해야 할 것이다."

"곡식이 없어지는 것 중에는 술과 단술(감주. 식혜.)보다 더한 것이 없으니 술을 금하지 않을 수 없는 것이다."

"흉년에는 세금을 적게 하고 공채(국가나 지방 자치 단체가 재정 자금을 마련하기 위해 임시로 지는 부채)를 탕감해 주는 것(이책)이 선왕의 법이다. 겨울에 거두어들이는 곡식과 봄에 거두어들이는 세금과 민간 창고의 잡다한 저리 사채(경저리에게 군현이 진 빚. *경저리: 서울에 머무르면서 지방 관아의 사무를 연락하고 대행하던 사람.)는 모두 너그럽게 늦춰야 하며 독촉해서도 안 된다."

구제를 끝마치는 것에 관하여

"굶는 사람을 구제하는 일(진휼)이 장차 끝나 갈 때에는 처음부터 끝까지 점검을 하고 죄과(죄가 될 만한 허물)가 있는지 낱낱이 한 일을 돌이켜보고 깊이 생각해야 할 것이다."

마음이 바르지 못한 자는 상관을 속이고 국가를 속이고 구차스럽게 법을 피하면서까지 자기 이익에 몰두한다. 따라서 지금까지의 한 일을 돌이켜보고 깊이 반성하여 살필 것은 살펴야 한다.

"스스로 준비한 곡식을 상관에게 장차 보고하려 할

때에는 몸소 실제의 사정을 살펴서 감히 허위나 과장이 없도록 해야 할 것이다."

"정당하고 정당하지 못한 것의 그 공과 죄는 법령에서 자세히 살피고 자세히 보면 스스로 알 것이다."

"망종(이십사 절기의 하나. 소만〈5월 21일경〉과 하지〈6월 22일경〉 사이로, 6월 5일경.)에는 구제소(진장)를 폐쇄하고 이에 구휼(진휼)를 끝내면서 연회를 베풀되, 기악(기생과 풍악)은 쓰지 말아야 한다."

구휼이라는 큰일을 끝내고 수고한 자들을 위해 연회를 베풀지만 이것이 경사스럽고 기쁜 일만은 아니다. 흉년 끝에 베푸는 잔치이니 노래와 춤은 절대로 삼가야 한다.

"이날 공적을 따져서 포상을 하고 그 이튿날에는 장부를 정리해서 상관에게 보고해야 한다."

　"크게 기근(흉년으로 식량이 모자라서 굶주리는 상태)이든 말미에는 백성의 허탈함은 큰 병을 치르고 난 뒤에 원기를 회복하지 못한 것과 같다. 그러니 편안하게 어루만져 안정을 시키는 일에 소홀함이 없어야 한다."

해임에 따른 **6**가지

벼슬을 교체당하는 것에 관하여

"벼슬이란 반드시 교체당하는 것이니 교체당해도 놀라지 않고 잃어도 연연하지 않으면 백성들이 공경할 것이다."

"벼슬을 짚신처럼 버리는 것이 예전의 옳은 길이었다. 이미 교체되고 나서 슬퍼한다면 또한 부끄럽지 아니한가."

교체되고 나서 슬픈 빛이 얼굴에 역연하거나 허둥지둥한다면 이것이야말로 수치스러운 일이며, 아랫사람들로부터 비웃음을 당하게 된다.

"평소에 장부를 정리해 두었다가 이튿날 일을 계획한 대로 하고 바람처럼 떠나는 것이 맑은 선비요. 장부를 마무리함에 있어서 청렴하고 분명하여 후환을 없게 하는 것이 지혜로운 선비의 행실이다."

"고을에서 나이 드신 분들이(부로: 고을에서 나이가 많은 어른을 높이어 일컫는 말) 전송을 나와 주연을 베풀고 성 밖까지 전별(떠나는 이를 위하여, 잔치를 베풀어 작별함.)을 할 때, 갓난아이가 어머니를 잃은 심정으로 바라보고 하소연하면 또한 인간 세상의 지극한 영광인 것이다."

"돌아가는 길에 완고(성질이 완강하고 고루함)한 무리(백성)를 만나 꾸짖음을 당하고 멀리 듣기 싫은 소리를 퍼뜨리면 이는 인간 세상의 지극한 치욕인 것이다."

재임 시절 정사를 소홀히 하고 백성을 괴롭힌 목민관은 반드시 그 대가로 모욕을 당하게 되니 이는 목민관이 된 자로서 불행한 일이며 슬픈 일이다.

퇴임 행장에 관하여

"청렴한 선비의 퇴임 행장은 초연히 깨끗하고 낡은 수레에 여윈 말일지언정 맑은 바람이 사람을 엄습한다."

벼슬을 내놓고 돌아갈 때에 많은 재물을 싣고 가면 백성들에게 비웃음과 원망을 산다. 그러나 그 행색이 초라하여 재임시의 청렴함이 드러나면 그들이 존경심을 표한다.

"상자와 농에 새로 만든 그릇이 없고 주옥과 비단과 그 고을의 토산물이 없다면 청렴한 선비의 행장이라 할 수 있다."

"만일 장부(성인이 된 남자 즉 목민관)가 연못에 던지고 불에 집어넣어 하늘이 내린 물건을 별안간 다 없애면서까지 스스로 그 청렴함을 드러내려고 꾀하는 자는 천리(자연의 도리)에 어긋나는 것이다."

모든 물건은 하늘에서 내린 것으로 매우 소중히 여겨야 한다. 청렴한 것처럼 보이기 위해 물건을 그냥 버린다면 이는 하늘의 뜻을 거스르는 것이며 동시에 개인의 손실과 나라의 손실인 것이다.

"돌아와서 새로운 물건이 없고 청빈함이 옛날과 같다면 상등(높은 등급)이요. 수단과 방법을 써서 종족들을 넉넉하게 했다면 그 다음인 것이다."

그 자리에 머무르기를 희망하는 것에 관하여

"떠나는 것이 못내 아쉬워 길을 막고 더 머무르기를 원하는 일은 그 빛이 역사책에 남아 후세에 비치는 것이지 말소리와 얼굴 모습으로 능히 되는 바가 아니다."

"대궐 아래로 달려가서 유임시켜 주기를 빌 때, 그 뜻을 받아들여 민심(민정)을 따르는 것은 예전에 착한 일을 권장하는 귀한 근본이다."

선정을 베풀던 어진 목민관이 임기를 마침에 있어서 백성들이 조정이나 임금에게 상소로 유임을 청하면 그 뜻을 따르는 것이 목민관으로서 마땅하다.

"명성이 널리 미쳐서 혹 이웃 고을에서 빌려 주기(임명해 주기)를 원하면 혹 두 고을이 서로 다투게 되는 일이 생기는데 이는 어진 목민관의 빛나는 가치 때문이다."

목민관이 선정을 베풀어 그 명성이 멀리 퍼지는 것도 관리된 자의 영광인데, 하물며 백성들이 서로 다투어 자기 고을의 목민관으로 임명해 줄 것을 원한다면 이 또한 목민관의 빛나는 치적이라 말하지 않을 수 없다.

"혹 오랫동안 재임하여 서로 편안하게 하였거나 혹 이미 늙었어도 애써 유임하게 하여, 법에 구애를 받지 않는 것도 세상을 다스리는 일이다."

목민관의 정해진 임기는 당하관이 64세이고 당상관은 67세로 규정되어 있으나 백성들에게 신망이 두터운 목민관이라면 백성들의 뜻에 따라 유임도 가능하다.

"백성들이 애모(사랑하고 사모함)하고 그 명성과 공적으로 재임하는 것도 또한 사책(역사를 적은 문서. 사기.)에

빛날 일이 될 것이다."

"상을 당해 돌아간 자라도 오히려 백성들이 관아를 떠나지 못하게 하므로 혹 일을 하기 위해 임지로 돌아오는 자도 있고, 혹 상을 치르고 다시 임명되는 자도 있다."

"배후에서 아전이 모사(일을 꾀함)로 간사한 백성을 꾀어 대궐에 유임을 청하게 하는 것은 임금을 기만하고 상관을 속이는 것이니 그 죄가 상기(피가 머리로 모여 얼굴이 붉어짐)할 만큼 매우 크다."

목민관 중에는 아전과 공모하여 고을 어르신들을 술과 음식으로 꾀여 재임을 청하게 하는 경우가 있는데 그 죄는 피가 머리로 솟구칠 만큼 매우 크다.

청원(바라는 바를 이루게 해 달라고 청함)하는 것에 관하여

"법에 저촉(법률에 위배되거나 거슬림)된 자를 백성들이

가엾게 여겨 서로가 임금께 호소하고 그 죄의 용서를 바라는 것은 전고(지나간 옛날)의 아름다운 풍속이다."

목민관이 비록 죄가 있더라도 백성들이 사랑하고 떠받드는 정에 거짓이 없으면 그 죄의 용서를 임금께 호소하는 것 또한 옛날의 아름다운 풍속이다.

세상을 떠나는 것에 관하여

"재직하던 목민관이 죽으매, 탐욕이 없고 온화하고 강직한 그의 은혜를 그리며 슬피 상여를 붙잡고 울부짖여 오래도록 잊지 못한다면 어진 목민관으로서의 끝맺음이 될 것이다."

어진 목민관이 임지(근무지)에서 죽게 되어 아전과 백성들이 부모를 잃은 것처럼 슬퍼한다면 이것이야말로 목민관의 생애를 명예롭게 하는 것이다.

"이미 병으로 앓아 누워 있으면 마땅히(응당) 지체하

지 말고(곧. 이내.) 거처를 옮겨야 하며, 관아(정당: 목민관이 공무를 보는 곳)에서 운명(사람의 목숨이 끊어짐, 곧 죽음.)하여 다른 사람의 싫어하는 바가 되어서는 안 된다."

관아(정당: 목민관이 공무를 보는 곳)는 공무를 보는 장소인데 만일 관아에서 불행히도 죽음을 맞이하게 된다면 도리에 어긋나는 일로 후임자가 꺼리게 될 것이다. 그러니 병을 참고 누워 있을 것이 아니라 스스로 헤아려 거처를 옮기도록 해야 한다.

"초상에 소용되는 쌀(상수미)은 이미 나라에서 주는 것이 있으니 백성이 부의(초상난 집에 부조로 돈이나 물건을 보내는 일)하는 돈을 어찌 또 받겠는가. 유언으로 깨끗이 하는 것이 옳은 일이다."

"정사를 잘한다는 소리가 이미 널리 퍼지면 언제나 이상한 소문이 있을 것이니 사람들은 인정하고 이야기할 것이다."

목민관이 선정을 펼쳐 그 아름다운 명성이 세상에 널리 알려지게 되면 아주 특이한 일화가 칭송으로 전해지기 마련이다.

정(사랑)을 남기는 것에 관하여

"이미 없어진 뒤에 생각이 나서 사당을 원한다면 그
남긴 사랑은 가히 짐작할 수 있는 것이다."

"살아서 원하는 것은 예가 아니다. 어리석은 백성들이
이런 것을 만들면 서로 따라서 만드니 풍속이 되었다."

생사당(지방관의 선정을 기리어, 백성들이 그가 태어난 시간에 그를 제사지내
던 사당.)은 원래 백성들이 목민관의 공덕을 기리기 위해 세웠으나
점차 교활한 아전과 백성들이 목민관에게 아첨하는 수단으로 전
락했다. 따라서 이를 경계해야 한다.

"공덕을 기리기 위해 돌에 새겨 유원히(아득히 멀게)
본받게 하고자 하는 것이 선정비이다. 마음속으로 반성
하여 부끄럽지 않기가 참으로 어려운 것이다."

"목비(나무로 만든 비)를 세워 은혜를 칭송하는 것 중에는 찬양하는 것이 있고 아첨하는 것도 있으니 세우는 대로 즉시 철거시키고 곧 엄금하여 치욕에 이르는 일이 없도록 해야 할 것이다."

비록 나무로 선정비를 세우더라도 백성들에게 폐를 끼치게 된다. 아무리 어진 목민관이라 하더라도 모두를 좋게 대할 수만은 없는 노릇이다. 무릇 백성 중에 좋아하는 자도 있지만 원망하는 자도 있으므로 비를 세워 욕을 먹을 바에야 세우지 않는 것이 좋다.

"이미 간 뒤에 생각하여 수목도 마치 사람의 아끼는 바가 되는 것은 감당(주나라 소공이 남국을 순행할 때에 감당나무 밑에서 선정을 베풀었는데 그가 떠난 후로 백성들이 그의 덕을 사모하기에 그 나무를 사랑했다고 한다. 감당나무(팥배나무): 장미과의 낙엽 교목. 봄에 흰 꽃이 피고 가을에 팥알 모양의 열매가 익음. 당리: 팥배나무 열매.)의 유풍(예로부터 전해 내려오는 풍속. 유습.)인 것이다."

어진 목민관이 비록 세상을 떠났어도 평소 그의 손길이 닿은 나무를 대할 때 백성들은 그의 뜻을 기리어 그를 대하듯 한다는 것이다.

"그리운 마음을 잊지 못하여 후(목민관)의 성을 따 자기 자식의 이름으로 짓는다는 것은 이른바 민심(민정)을 크게 드러내는 것이다."

"이미 떠난 지 오래된 뒤에 다시 그 고을을 지나갈 때, 많이 따르고 환영하며 술병과 음식을 담은 광주리가 앞에 가득하면 또한 말을 부리는 마부까지도 영광인 것이다."

어진 목민관이라면 이미 그 고을을 떠났다 해도 그가 남긴 자취는 남는 법이다. 따라서 다시 그 고을을 찾았을 때 백성들이 환대하면 시중드는 하인이나 마부까지도 즐겁다는 것이다.

"많은 사람들로부터 칭송의 소리가 오래도록 그치지 않는다면 그의 정치를 인정하는 것이라 할 수 있다."

"있을 때에는 드러날 만한 혁혁한 명예가 없고 떠나 간 뒤에 생각해 주는 것은 오직 공적을 자랑하지 않고 남도 모르게 선정을 했기 때문이다."

"어진 사람이 가는 곳에 따르는 자가 시가(번화한 거리)를 이루고 돌아올 때에도 따르는 자가 있으면 덕의 증거(증험)이다."

"무릇 헐뜯음, 칭찬함의 진실, 선과 악의 판단 같은 것은 반드시 군자의 말을 기다려서 공안(공론에 의거하여 결정한 안건)으로 삼아야 할 것이다."

잘못했다는 헐뜯음과 잘했다는 칭찬의 진실 그리고 선악의 공정성은 반드시 군자의 말을 빌어 여러 사람이 공감해야 한다.